职业教育殡葬相关专业系列教材

ZHONGGUO BINZANG JIANSHI

中国殡葬简史

朱小红　孙树仁　主编
杨根来　主审

化学工业出版社
·北京·

内容简介

《中国殡葬简史》全书简明扼要,以时间为经、空间为纬,按史前、先秦、秦汉、魏晋南北朝、隋唐五代、宋元、明清、民国、1949年至今九个历史时期设置模块,每一个模块紧密围绕该时期的丧葬观念、丧葬制度、丧葬习俗等中心议题,对我国不同时期的殡葬历史进行了客观的阐释,为传承优秀传统殡葬文化提供了较为全面而系统的学习资料。

本书可以作为职业院校现代殡葬技术与管理专业、殡葬服务与管理专业等的教材,又可以作为殡葬工作者的参考用书。

图书在版编目(CIP)数据

中国殡葬简史/朱小红,孙树仁主编. —北京:化学工业出版社,2023.5(2024.7重印)
职业教育殡葬相关专业系列教材
ISBN 978-7-122-43026-7

Ⅰ.①中… Ⅱ.①朱… ②孙… Ⅲ.①殡葬业-历史-中国-职业教育-教材 Ⅳ.①F719.9-092

中国国家版本馆CIP数据核字(2023)第039627号

责任编辑:吴江玲 章梦婕 刘 哲　　　　　文字编辑:谢晓馨 陈小滔
责任校对:边 涛　　　　　　　　　　　　装帧设计:王晓宇

出版发行:化学工业出版社(北京市东城区青年湖南街13号 邮政编码100011)
印　　装:北京科印技术咨询服务有限公司数码印刷分部
787mm×1092mm　1/16　印张9½　字数147千字　2024年7月北京第1版第2次印刷

购书咨询:010-64518888　　　　　　　　售后服务:010-64518899
网　　址:http://www.cip.com.cn
凡购买本书,如有缺损质量问题,本社销售中心负责调换。

定　　价:38.00元　　　　　　　　　　　　　　　　　版权所有　违者必究

职业教育殡葬相关专业系列教材编撰委员会

主　　任　邹文开
副 主 任　何振锋　孙树仁　孙智勇　马　荣　卢　军　张丽丽
委　　员　（按照姓名汉语拼音顺序排列）

毕爱胜　樊晓红　郭海燕　何秀琴　何振锋　胡　玲
黄汉卿　姜　笑　林福同　刘　凯　刘　琳　卢　军
吕良武　马　荣　牛伟静　亓　娜　沈宏格　孙树仁
孙智勇　王　静　王立军　魏　童　邬亦波　肖成龙
徐　莉　徐晓玲　余　廷　翟媛媛　张丽丽　赵志国
郑佳鑫　郑翔宇　钟　俊　周卫华　周晓光　朱文英
朱小红　邹文开

职业教育殡葬相关专业系列教材审定委员会

主　　任　赵红岗

副 主 任　何振锋　孙树仁　肖成龙　孙智勇　朱金龙

委　　员　(按照姓名汉语拼音顺序排列)

　　　　　　曹丽娟　何仁富　何振锋　刘　哲　齐晨晖　孙树仁

　　　　　　孙智勇　王　刚　王宏阶　王艳华　肖成龙　杨宝祥

　　　　　　杨德慧　杨根来　赵红岗　朱金龙

《中国殡葬简史》编审人员

主　　编　朱小红　孙树仁

副 主 编　刘　凯　翟媛媛

编写人员　（按照姓名汉语拼音顺序排列）

　　　　　　樊晓红（黑龙江省民政职业技术学校）

　　　　　　刘　凯（郑州市殡仪馆）

　　　　　　孙树仁（北京社会管理职业学院）

　　　　　　杨　柳（河南省民政学校）

　　　　　　翟媛媛（北京社会管理职业学院）

　　　　　　朱小红（河南省民政学校）

主　　审　杨根来（北京社会管理职业学院）

序 一

殡葬服务是基本民生保障工程。随着经济社会的快速发展，人民对美好生活的需求日益提升，百姓对殡葬服务水平和质量提出了更高的要求。让逝者安息，给生者慰藉，为服务对象提供人文化、个性化服务亟须提上议事日程。当前，我国每年死亡人口上千万。截至2021年底，全国共有殡葬服务机构4373个，殡葬服务机构职工8.7万人。殡葬从业人员的数量和素质势必影响殡葬服务的水平和质量。人民群众对殡葬服务日益高质量、多样化、个性化的需求，给殡葬从业人员提出了更高的要求和期待。

党的十九大报告指出，"完善职业教育和培训体系，深化产教融合、校企合作"，为新时代职业教育发展明确了思路。2019年1月，国务院印发了《国家职业教育改革实施方案》，把职业教育摆在教育改革创新和经济社会发展全局来进行谋划，开启了职业教育改革发展的新征程，提出了深化职业教育改革的路线图、时间表、任务书。方案中尤其提出"建设一大批校企'双元'合作开发的国家规划教材，倡导使用新型活页式、工作手册式教材并配套开发信息化资源"，更为殡葬相关专业系列教材编写工作指明了方向。党的二十大报告指出，"统筹职业教育、高等教育、继续教育协同创新，推进职普融通、产教融合、科教融汇，优化职业教育类型定位"。

从殡葬教育发展现状来看，我国现代殡葬教育从无到有，走过了二十多年的发展历程。全国现有近十所院校开设现代殡葬技术与管理及相关专业，累计为殡葬行业培养了近万名专业人才，在殡葬服务水平提升和殡葬服务事业发展方面起到了关键作用。殡葬教育取得成绩的同时，也存在诸多问题，如全国设置殡葬相关专业的院校，每年毕业的学生仅千余名；又如尚未有一套专门面向职业院校学生的教材，不能满足新时代殡葬事业发展的需要，严重制约了殡葬教育的发展和殡葬相关专业人才的培养。

在这样的背景下，北京社会管理职业学院生命文化学院、现代殡葬技术与管理专业教学指导委员会启动了系列教材编写工作，旨在服务于全国各职业院校殡葬相关专业的教学需要和行业从业人员的培训需求。教材编写集结了院校教师、行业技能大师、一线技术能手以及全国近四十家殡葬企事业单位。多元力量的参与，有效保障了系列教材在理论夯实的同时保证案例丰富、场景真实，使得教材更加贴近生产实践，具有更强的生命力。将系列教材分为三批次出版，有效保障了出版时间的同时深耕细作、与时俱进，使得教材更加紧跟时代发展，具有更强的发展性。本套教材是现代殡葬教育创办以来首套专门为职业院校学生和一线从业人员编写的校企一体化教材。它的编写回应了行业发展的需要以及国家对职业教育发展的定位，满足了殡葬相关专业职业教育的实践需求，必将有效提升殡葬人才的专业素质、服务技能以及学历水平，对更新和规范适应发展的专业教学内容、完善和构建科学创新的专业教学体系、提高教育教学质量、深化教育教学改革起到强有力的促进作用，也将推动殡葬行业的发展，更好地服务民生。

在这里要向为系列教材编写贡献力量的组织者和参与者表示敬意和感谢。感谢秦皇岛海涛万福环保设备股份有限公司、石家庄古中山陵园、天津老美华鞋业服饰有限责任公司等几家单位，积极承担社会责任，资助教材出版。

希望本系列教材能够真正成为殡葬职业教育的一把利器，推进殡葬职业导向的教育向更专业、更优质发展，为培养更多理论扎实、技艺精湛的一线高素质技术技能人才做出积极贡献，促进殡葬教育和殡葬行业健康快速发展。

全国民政职业教育教学指导委员会副主任委员
北京社会管理职业学院党委书记
邹文开

序 二

生死是宇宙间所有生命体的自然规律。殡葬作为人类特有的文明形式,既蕴含着人文关怀、伦理思想,又依托于先进技术与现代手段。我国的现代殡葬技术与管理专业自20世纪90年代创立,历经20多年的发展,已培养上万名殡葬专业人才,大大推进了我国殡葬事业的文明健康发展。然而,面对每年死亡人口上千万、治丧亲属上亿人的现实,全国殡葬相关专业每年的培养规模仅千余名,殡葬相关专业人才供给侧与需求侧结构性矛盾突出。要解决这一矛盾,就必须不断提升人才培养的能力,切实加强推进殡葬相关专业建设。

格林伍德在《专业的属性》一书中指出,专业应该具有的特征包括"有一套系统的理论体系;具有专业权威性;从业者有高度认同的价值观;被社会广泛认可;职业内部有伦理守则"。这样看来,殡葬教育要在职业教育层面成为一个专业,教材这个"空白"必须填补。目前,我国尚没有一套专门面向职业院校的殡葬相关专业教材。在教学实践中,有的科目开设了课程但没有教材,有的科目有教材但内容陈旧,严重与实践相脱离。目前主要应用的基本是自编讲义,大都沿用理论课教材编写体系,缺少行业环境和前沿案例,不能适应实际教学需要。

加强教材建设、厘清理论体系、提升学历层次、密切产教融合,真正做实做强殡葬职业教育,培养更多更优秀的殡葬相关专业人才,以此来回应殡葬行业专业化、生态化优质发展的需要,以此来回应百姓对高质量、个性化、人文化殡葬服务的需求,这是教育工作者义不容辞的使命。"建设知识型、技能型、创新型劳动者大军""大规模开展职业技能培训,注重解决结构性就业矛盾",十九大报告为职业教育发展指明方向。"职业教育与普通教育是两种不同教育类型,具有同等重要地位""建设一大批校企'双元'合作开发的国家规划教材",《国家职业教育改革实施方案》为职业教育发展圈出重点。

"殡葬"不仅要成为专业,而且殡葬相关专业是关系百姓"生死大事"、关系国家文明发展的专业。我们要通过殡葬人才培养，传递保障民生的力量；要通过殡葬人才培养，传播生态文明的观念；要通过殡葬人才培养，弘扬传统文化的精神。而这些作用的发挥，应当扎扎实实地落实在教材的每一章每一节里，应当有的放矢地体现在教材的每一字每一句中。就是带着这样的使命与责任，就是怀着这样的情结与期待，现代殡葬技术与管理专业教学指导委员会启动了"职业教育现代殡葬技术与管理专业系列教材"的编写工作，计划分三批次出版面向职业院校学生和一线从业人员的殡葬相关专业系列教材。教材编写集结了殡葬专业教师和来自一线的行业大师、技术能手，应用了视频、动画等多媒体技术，实行了以高校教师为第一主编、行业专家为第二主编的双主编制。2018年4月，在北京社会管理职业学院召开第一次系列教材编写研讨会议；2018年7月，在黑龙江省民政职业技术学校召开第二次系列教材编写研讨会议；2018年10月，在北京社会管理职业学院召开第一次系列教材审定会议；2019年4月，在北京社会管理职业学院召开第二次系列教材审定会议；2019年12月，在北京社会管理职业学院召开第三次系列教材审定会议；2022年3月10日，由于疫情影响，以线上会议的方式召开系列教材推进研讨会，明确了教材最终出版的时间要求。踩住时间节点，强势推进工作，加强沟通协调，统一思想认识。我们在编写力量、技术、过程上尽可能地提高标准，旨在开发出一套理论水平高、实践环境真实、技能指导性强，"教师乐教、学生乐学、人人皆学、处处能学、时时可学"的教学与培训用书。殡葬相关专业系列教材编写一方面要符合殡葬职业特点、蕴含现代产业理念、顺应新时代需求、传承优秀传统文化，从而优化专业布局和层次结构；另一方面应体现"政治性""文化性""先进性"和"可读性"的原则，全面推进素质教育，弘扬社会主义核心价值观，培养德、智、体、美、劳全面发展的社会主义事业建设者和接班人。

希望此次系列教材的推出能够切实为职业教育殡葬相关专业师生及行业一线从业人员的学习研究、指导实践提供支持，为提高教育教学质量、规范教学内容提供抓手，为锻炼师资队伍、推动教育教学改革做出贡献，为发展产业市场、提升服务水平贡献人才。

在此特别感谢秦皇岛海涛万福环保设备股份有限公司、石家庄古中山陵园、天津老美华鞋业服饰有限责任公司三家单位，它们都是行业中的佼佼者。它们在积极自我建设、服务社会的同时，以战略的眼光、赤子的情怀关注和支持殡葬教育，为此次系列教材编写与出版提供资金支持。感谢化学工业出版社积极参与教材审定，推动出版工作，给予我们巨大的支持。

现代殡葬技术与管理专业教学指导委员会常务副主任委员
北京社会管理职业学院生命文化学院院长
何振锋

前 言

殡葬不仅是一种古老的行为,更是一种在社会发展过程中形成并沉淀下来的文化,集中了人们对死亡认识、生存价值、人性、亲情等有关人类本源性问题的思考。《2021年民政事业发展统计公报》数据显示,截至2021年底,全国共有殡葬服务机构4373个,其中殡仪馆1774个,殡葬管理机构815个,民政部门管理的公墓1673个;殡葬服务机构职工8.7万人,其中殡仪馆职工4.7万人;火化炉7043台,全年火化遗体596.6万具。面对每年死亡人口上千万人、治丧亲属上亿人的现实,殡葬专业人才供给侧与需求侧结构性矛盾突出,殡葬行业从传统型向信息化、智能化转变,暖民殡葬、人文殡葬、绿色殡葬、智慧殡葬等已经成为殡葬改革的重中之重。基于此,高素质的殡葬专业人才供不应求。

随着殡葬教育的发展,社会需要能适应殡葬教育和殡葬从业人员培训的殡葬史教材。2018年7月,全国数家民政学校的殡葬专业教师组成编写组,着手编写殡葬史教材。我们搜集整理了大量史料,较为全面而系统地阐述了中国丧葬的历史发展过程、各个时期的丧葬特色及其深刻的社会原因,积极探索殡葬工作的规律性,力图做到教材内容的浅显易懂,增加可读性、趣味性和普及性。

本书在编写的过程中注重四个"结合":中国殡葬史基本知识与最新的研究成果相结合,中国殡葬史的发展演变与重要的殡葬思想、殡葬制度、殡葬礼仪相结合,中国殡葬的自身发展与政治、经济、文化等因素相结合,翔实的文献资料与可靠的殡葬文物(包括新发现的重要作品)相结合。

本书由多年从事殡葬教育、科研、培训和实务工作的人员编写而成。教材各模块编写分工如下:模块1中的第1.1节由孙树仁编写,模块1中的第1.2节、第1.3节和模块2、模块4~模块 6 由朱小红编写，模块 3 中的第 3.1 节、第 3.2.2 小节、第 3.3~3.5 节和模块 7、模块 8 由杨柳编写，模块 3 中的第 3.2.1 小节由刘凯编写，模块 9 由樊晓红编写，模块 10 由翟媛媛编写。

  本书在编写过程中得到了殡葬行业同仁的大力支持与帮助，在此一并表示感谢。由于时间和水平有限，书中不足之处在所难免，恳请同仁不吝赐教。

编者
2022 年 12 月

目录

模块1　绪论

1.1　"殡葬"一词的发展演变与内涵界定 …………………………………………… 001
　1.1.1　"殡葬"一词的发展演变 …………………………………………………… 001
　1.1.2　殡、葬、祭的区别与联系 …………………………………………………… 003
1.2　中国殡葬简史的学科性质和研究对象 …………………………………………… 004
　1.2.1　学科性质 ……………………………………………………………………… 004
　1.2.2　研究对象 ……………………………………………………………………… 006
1.3　中国殡葬简史研究的方法及意义 ………………………………………………… 006
　1.3.1　研究方法 ……………………………………………………………………… 006
　1.3.2　研究意义 ……………………………………………………………………… 008
小结 ……………………………………………………………………………………… 009
思考与练习 ……………………………………………………………………………… 009

模块2　史前时期的殡葬

2.1　史前时期的殡葬综述 ……………………………………………………………… 010
　2.1.1　殡葬的起源 …………………………………………………………………… 010
　2.1.2　氏族社会的殡葬 ……………………………………………………………… 011
2.2　史前时期的殡葬习俗 ……………………………………………………………… 012
　2.2.1　葬法 …………………………………………………………………………… 012
　2.2.2　特殊殡葬习俗 ………………………………………………………………… 014
　2.2.3　葬式与葬具 …………………………………………………………………… 015
小结 ……………………………………………………………………………………… 016
思考与练习 ……………………………………………………………………………… 016

模块 3　先秦时期的殡葬

3.1　夏商周时期的殡葬 ……………………………………………… 018
  3.1.1　夏商周时期的丧葬观 ……………………………………… 018
  3.1.2　"孝"观念的产生 ………………………………………… 020
3.2　春秋战国时期的殡葬 …………………………………………… 021
  3.2.1　春秋战国时期的殡葬观 …………………………………… 021
  3.2.2　春秋战国时期的殡葬礼仪 ………………………………… 026
3.3　春秋战国时期的丧服制度 ……………………………………… 027
3.4　春秋战国时期的居丧守制 ……………………………………… 029
  3.4.1　居丧守制的起源 …………………………………………… 029
  3.4.2　居丧守制的行为规范 ……………………………………… 030
  3.4.3　居丧守制的丧期规定 ……………………………………… 031
3.5　春秋战国时期的墓葬 …………………………………………… 031
  3.5.1　墓地与墓葬形制 …………………………………………… 031
  3.5.2　明器制度 …………………………………………………… 032
  3.5.3　中国皇陵 …………………………………………………… 033
小结 …………………………………………………………………… 034
思考与练习 …………………………………………………………… 034

模块 4　秦汉时期的殡葬

4.1　秦汉时期的殡葬观 ……………………………………………… 035
  4.1.1　秦汉时期的厚葬思想 ……………………………………… 035
  4.1.2　秦汉时期的孝道观念 ……………………………………… 036
  4.1.3　秦汉社会的薄葬观念 ……………………………………… 037
4.2　秦汉时期的殡葬礼俗 …………………………………………… 038
  4.2.1　丧葬礼仪 …………………………………………………… 038
  4.2.2　丧葬习俗 …………………………………………………… 044
小结 …………………………………………………………………… 047
思考与练习 …………………………………………………………… 047

模块 5　魏晋南北朝时期的殡葬

5.1　魏晋南北朝时期的殡葬观念 ···································· 048
　　5.1.1　孝道观念与殡葬 ·· 048
　　5.1.2　薄葬观 ··· 049
5.2　魏晋南北朝时期的殡葬礼俗 ···································· 052
　　5.2.1　居丧制度 ··· 052
　　5.2.2　潜埋虚葬 ··· 054
　　5.2.3　堪舆的兴起 ·· 055
小结 ·· 055
思考与练习 ·· 056

模块 6　隋唐五代时期的殡葬

6.1　隋唐五代时期的殡葬观念 ······································· 057
　　6.1.1　儒家的死亡观 ·· 057
　　6.1.2　倡导薄葬观念 ·· 058
6.2　隋唐五代时期的殡葬礼俗 ······································· 059
　　6.2.1　殡葬礼法 ··· 059
　　6.2.2　殡葬习俗 ··· 062
小结 ·· 067
思考与练习 ·· 068

模块 7　宋元时期的殡葬

7.1　宋元时期的殡葬观及士大夫的态度 ··························· 069
　　7.1.1　宋元时期的殡葬观 ··· 069
　　7.1.2　宋元士大夫对厚葬及堪舆的态度 ···························· 070
7.2　宋元的火葬之风 ·· 072
　　7.2.1　宋元时期社会对火葬的态度 ··································· 072
　　7.2.2　宋代流行火葬的原因 ·· 074
7.3　宋代的厚葬之风 ·· 075

7.3.1 宋代厚葬的社会现象 ························· 075
7.3.2 宋代厚葬的特点 ······························· 076
7.3.3 宋代厚葬对社会的影响 ······················ 077
7.4 宋代相墓术的流行 ·································· 079
7.5 元代的殡葬 ·· 079
7.5.1 元代的殡葬习俗 ······························· 079
7.5.2 元代的墓祭习俗 ······························· 080
7.5.3 元代堪舆术的盛行 ···························· 080
小结 ··· 081
思考与练习 ·· 081

模块 8　明清时期的殡葬

8.1 明清士大夫的殡葬观 ······························· 082
8.1.1 薄葬观 ·· 082
8.1.2 对堪舆说的抨击 ······························· 084
8.1.3 对迷信思想的批判 ···························· 086
8.2 明清时期的殡葬习俗 ······························· 088
8.2.1 殡葬中的奢靡风尚 ···························· 088
8.2.2 堪舆迷信的泛滥 ······························· 091
8.3 明清时期的火葬 ····································· 092
8.4 明清时期的殡葬礼俗 ······························· 093
小结 ··· 094
思考与练习 ·· 094

模块 9　民国时期的殡葬

9.1 民国时期的殡葬观念 ······························· 095
9.1.1 对传统殡葬观念的延续及改革 ············ 095
9.1.2 新殡葬观念的提出 ···························· 098
9.2 民国时期的殡葬习俗 ······························· 100
9.2.1 民国时期的新式葬礼 ························· 101

9.2.2　奢华的厚葬风尚 ……………………………………………… 109
　　9.2.3　殡葬组织的出现 ……………………………………………… 110
小结 ………………………………………………………………………… 117
思考与练习 ………………………………………………………………… 118

模块 10　1949 年至今的殡葬改革

10.1　殡葬改革的发展历程 ………………………………………………… 119
　　10.1.1　殡葬改革的倡导与实践（1949 年至 1979 年） …………… 119
　　10.1.2　殡葬改革在曲折中发展（1980 年至 1984 年） …………… 122
　　10.1.3　殡葬改革向规范化、法制化方向发展（1985 年至 1996 年） … 124
　　10.1.4　殡葬改革的全面深化（1997 年至今） ……………………… 127
10.2　殡葬改革取得的成效 ………………………………………………… 130
　　10.2.1　形成殡葬改革的良好氛围 …………………………………… 130
　　10.2.2　殡葬事业综合治理能力不断提高 …………………………… 131
　　10.2.3　殡葬事业投入力度不断加大 ………………………………… 131
　　10.2.4　殡葬行风建设的新举措 ……………………………………… 132
　　10.2.5　绿色殡葬取得新进展 ………………………………………… 133
小结 ………………………………………………………………………… 134
思考与练习 ………………………………………………………………… 135

参考文献

模块 1 绪 论

> **学习目标**
>
> 了解"殡葬"一词的历史演变,掌握中国殡葬简史的学科性质、研究对象、研究方法。

1.1 "殡葬"一词的发展演变与内涵界定

1.1.1 "殡葬"一词的发展演变

"人生自古谁无死!"死亡,作为人生的一种自然归宿,是人类无法回避的现实问题。由此而产生的中国丧葬礼俗,生动地反映了中国丧葬历史的发展过程。殡葬作为意识形态的产物,与当时的经济生活、政治制度、思想观念、宗教信仰,以及人们所处的社会地位有着密切的关系,在不同的历史时期、地域、民族中反映出不同的形式和特点。在中国的历史长河中,殡葬行为不断发展、演变,留下了漫长而曲折的足迹。

早在 100 多万年以前,生活在中华大地上的元谋猿人、蓝田猿人、北京猿人等就开创了黄河流域和长江流域的文明。人类对死亡的认识经历了从无知、朦胧到深刻的过程,人类的殡葬活动逐步规范。

中华民族的殡葬习俗和殡葬文化源远流长。根据考古发现,人类早期埋葬逝者的遗迹,在欧洲有旧石器时代中晚期距今约 75000～35000 年的尼安德特人,在中国有大约 18000 年前旧石器时代的山顶洞人。夏商周时期,殡葬礼仪已向系统化、程序化的方向发展。特别是周代,这是一个崇尚礼仪的时代。对周人来说,殡葬礼仪是一种文明的象征。据记载,当时的殡葬礼仪已初具雏形,三日大殓、棺椁制度、明器制度等都已出现。到了春秋战国时期，殡葬礼仪已基本具备完整形态。秦汉时期的殡葬礼仪大体上继承了春秋战国时期的殡葬礼仪制度，并进一步趋于隆重化。魏晋南北朝时期的殡葬礼仪大体上与汉代相同，只是汉代明器陪葬之风甚盛，至魏晋时却衰落了。唐代殡葬礼仪在参照周礼的基础上更加系统化、程序化。逝者从去世到殡葬、祭奠完毕，共有66道仪式，这也从一个特定的角度反映出唐代盛世的面貌。宋人对殡葬礼仪也十分重视。宋朝时政府为了整饬礼仪、敦厚风俗，曾多次颁发新的殡葬仪注，严立禁约，其中影响最大的当数推行《政和礼》。明、清两代的殡葬礼仪主要依据《仪礼·士丧礼》，形成了一套隆重而烦琐的殡葬礼仪。

中国古代殡葬是历史的产物，殡葬习俗和殡葬文化是社会习俗和文化的一部分，是生者为纪念逝者而建立、形成、发展起来的习俗和文化，也是社会礼仪的一个重要内容。因此，它反映并长期受制于社会传统。中国古代殡葬文化有崇尚文明、敬老尊长、寄托哀思的合理成分，这对丰富我国当代的殡葬礼仪文化也是有启迪作用的。

殡葬工作自中华人民共和国成立之初就得到了党和国家的重视。中华人民共和国成立初期，我国开始实施殡葬改革工作。1956年，在党和国家领导人倡导实行火葬后，我国的一些大中城市开始了火葬场的初期建设工作。从整体来说，这一阶段我国东部和中部地区的殡葬基础设施建设较早、发展较快，西部地区相对于中东部地区则基础设施建设较晚、发展较慢。1981年火葬场全面整顿工作开始，1983年推行殡葬行业承包责任制改革，我国大部分地区殡葬基础设施建设完成，殡葬行业发展逐渐进入正轨。针对部分未建造殡仪馆、火葬场的地区，政府相关部门则设置了殡葬服务站、公墓等殡葬服务机构。1990—1993年，民政部、劳动部先后发出《关于印发〈殡仪馆等级标准（试行）〉〈殡仪馆等级标准评定办法〉的通知》《关于颁发〈民政行业工人技术等级标准〉的通知》。在这些文件的指导下，全国殡葬行业进行了迁建、扩建，殡仪馆等基础设施全面升级改造完成。这些文件也对殡葬行业的从业人员划分了技术等级标准，使殡仪馆建设朝着更加正式化的方向发展。20世纪80年代末中国殡葬协会正式成立，我国殡葬管理的社会化、行业化更为突出。

1997年国务院颁布了《殡葬管理条例》，2013年根据《国务院关于废止和修改部分行政法规的决定》对《殡葬管理条例》进行了修正。2018年9月7日，民政部公布《殡葬管理条例（修订草案征求意见稿）》，全国各省市加强了殡葬立法工作的力度，制定或修改了各地区殡葬管理的法律法规。殡葬法制体系建设的完善，配合各地方对殡葬法律法规的宣传，进一步加强了殡葬管理的执法力度，规范了殡葬改革过程中的行政行为。深化殡葬改革，倡导移风易俗，是破千年旧俗、树一代新风的"思想革命"，是一项利国利民和惠及子孙后代的好事、实事。

1.1.2 殡、葬、祭的区别与联系

研究中国殡葬简史，首先要了解"殡""葬""祭"等概念，这是学习殡葬史中各种殡葬现象的基础。

"殡葬"亦称"丧葬"，"殡"和"葬"原本是两个相互联系却又分开的、不同的独立行为，是人类自然淘汰的过程中对逝者遗体进行处理的文明形式，是社会发展的产物，也是文化传统的组成部分。

"殡"者，指逝者入殓后停灵（停柩）以待葬，是生者对逝者的哀悼形式，多为传统礼仪。"殡"，一作"停柩"解，如《礼记》"殷人殡于两楹之间"（即商朝人将棺材放在堂屋前面的两根柱子之间），"周人殡于西阶之上"（即周朝人将棺材放在堂屋西边台阶的上面）；一作"葬"解，如《荀子》"三月之殡"。《辞海》对"殡"的解释是"殓而待葬"。"殓"是指给遗体穿衣下棺、收殓入棺。"殓而待葬"是指已经给遗体穿好衣服，下置棺中，但尚未掩埋的这一段时间。

"葬"者，指掩埋遗体，是人们对逝者遗体的处理方法，不同地区、不同民族盛行不同的葬法。"葬"作"藏"解。葬，原意指土葬，后来引申为处理和掩埋逝者的遗体，即对逝者遗体的处理形式，如土葬、火葬、水葬等。《礼记》为"葬"作了这样的解释："国子高曰：'葬也者，藏也。藏也者，欲人之弗得见也。是故衣足以饰身，棺周于衣，椁周于棺，土周于椁。'"即置逝者于棺中，待以宾客之礼，诸如表彰逝者的德行、功绩，举办让亲友故旧前来吊唁、祭奠等仪式，以此表达人们对逝者的怀念。"葬"作为逝者遗体的处理方式的含义一直延续至今。"殡葬"就引申为丧事活动及其礼仪规范。

现代社会，人们已把"殡""葬"二字合起来，现在的"殡葬"指的是处理逝者遗体的方法和对逝者哀悼的形式，包括发讣告、向遗体告别、开追悼会、致悼词、送花圈挽联、出殡送葬、安葬、安放骨灰盒等一系列的丧葬事项，表示人们对逝者遗体处理的整个过程。此外，对逝者的祭祀也属殡葬范畴，如清明上坟

祭祖等。

"祭"者，是指对先人的追念活动，祈祷福佑后人。"祭"在《辞海》中解释为"祀神、供祖或以仪式追悼死者的通称"。现代主要指祭祀、祭奠、祭礼。"祭祀"是"备供品向神佛或祖先行礼，表示崇敬并求保佑"，而"祭奠"是"为死去的人举行仪式，表示追念"。两者既有相同之处，又略有区别。我国古代十分重视祭祀、祭奠活动，如祭奠始祖、宗庙祭祖、祭墓奠先。特别是祭墓（即扫墓）活动，至今盛行，其中有祭奠亲人的，也有祭扫烈士墓地的。祭奠亲人一般从逝者遗体下葬后开始，要经历"三七"日（死后第21天，以下类推）、"五七"日、"七七"日和"百日祭"。往后的祭奠活动主要在每年的清明、七月半（农历七月十五）、冬至等节令进行。

"殡""葬""祭"之间既相互联系又有区别。

其联系表现为：殡、葬、祭是殡葬活动中相互连接的、不可缺少的三个阶段，具有时间上的继起性；祭是殡和葬两个活动采用的主要形式，这两个过程中都含有祭的意义的行为，如追悼会、悼词、在遗像前鞠躬、下葬时墓前的香烛供品、为逝者建墓树碑等。

其区别表现为：殡、葬、祭的时间延续程度不同、活动空间跨度不同。从时间上看，殡和葬仅局限于从逝者去世到遗体被掩埋这段时间的活动，而祭的活动则从葬后算起，可无限延长。如黄帝、炎帝作为汉族的祖先，虽距今数千年，但人们至今还在祭奠。从空间上看，殡和葬的活动一般在逝者家乡、居住地或死亡地进行，其活动范围相对狭小且固定，而祭的范围则很大且不受地域的限制。一个知名度高、社会关系广、对社会贡献大的人逝世后，其悼念活动有可能在全国甚至世界范围开展。

1.2　中国殡葬简史的学科性质和研究对象

1.2.1　学科性质

任何一门学科都有其特定的研究对象、研究范围、研究目的和研究方法，而学科的研究对象决定了这门学科的性质及其与其他学科的区别。随着殡葬理论研究的不断深入，殡葬史的研究也受到了前所未有的重视，成为殡葬学和历史学的一个分支学科。

1.2.1.1 殡葬史与殡葬学

殡葬史是研究殡葬的产生、形成、发展过程及其规律的学科。殡葬学是社会科学中一门新兴的学科，是研究殡葬工作及其历史性质、地位作用、运行规律，以及殡葬管理的专门学科，是一门具有综合性、边缘性和交叉性的学科。其包含历史规律、现实工作规律、知识动态发展的规律性知识，把这几个方面的规律性知识上升为理论，即成为殡葬学。其中殡葬工作的历史经验是殡葬学在理论上的源流，殡葬工作的现实经验是殡葬工作规律的现实表现，殡葬工作的发展趋势是殡葬工作的方向，是殡葬学提高与创新的向导力。

殡葬学研究的宗旨在于从本质上解决殡葬发展中存在的一系列问题，并使其顺利发展。这就包括了人们对殡葬认识的统一，以及殡葬活动者、服务者、管理者之间的认识协调等方面。其研究的内容极为广泛，几乎所有的殡葬现象、殡葬习俗、殡葬法规、殡葬技术等都是它的研究对象。从殡葬史和殡葬学之间的关系我们可以看出，殡葬史是殡葬学的重要组成部分。

1.2.1.2 殡葬史与历史学

如前所述，殡葬史是一门研究殡葬的产生、形成、发展过程及其规律的学科，殡葬史是人类殡葬活动的历史，兼具"精神"与"物质"两方面的内容。其"精神"方面包括探索人类殡葬意识、思维观念、思想的产生与发展，以及殡葬制度、礼仪与礼俗等；"物质"方面涵盖了与殡葬活动相关的殡、葬、祭活动中的物化载体，如墓地、葬具、陪葬品等，还有殡葬的活动过程。通过开展中国古代殡葬史研究，揭示其历史发展规律，可以以史为鉴，在新时代更为科学地使殡葬事业有新的面貌。

殡葬史同时也是边缘历史学科，是历史学的重要组成部分。历史学是一门以客观历史为研究对象的学科，我们这里是指以人类社会历史发展过程为对象的狭义的历史学。狭义历史学中有一些分支，即各种专门史，如法制思想史、文化史、政治制度史、军事史。其中殡葬史属于历史学中专门史的构成内容之一，与历史学的任务是认识客观历史一样，殡葬史的任务是认识殡葬这一客观历史的产生、形成、发展过程及其规律。历史学的内容是对人类社会历史发展的具体过程的研究，这是由许多分支学科，即通史、断代史、民族史、国别史、事件史、人物史等来共同承担的。殡葬史属于历史学内容中的专门史范畴。从殡葬史同历史学之间的关系可以看出，殡葬史是历史学的重要组成部分，殡葬史要研究的问题是殡葬的概念、重要内容、发展阶段和发展规律等。

关于殡葬史的学科性质问题，从以上两个方面分析，这里认为殡葬史是殡葬学的重要组成部分。但就其本质而言，殡葬史是一门独立的综合的研究殡葬的产生、形成、发展过程及其规律的历史性边缘学科，它是我国社会科学体系中的一门新兴的学科。

1.2.2 研究对象

中国殡葬简史不仅仅是为了帮助学习者了解我国殡葬的昨天，认识我国殡葬的过去，还需要对殡葬习俗有基本的了解，扩大视野，增长知识。更重要的是，认识殡葬的昨天是为了殡葬的今天，了解殡葬的过去是为了着眼于殡葬的现在。基于此，殡葬简史研究的任务应该是：勾画我国各个历史时期不同社会形态下的殡葬轮廓，具体包括殡葬意识、思维、观念、思想的产生与发展，以及其所反映的社会历史的发展变化；殡葬礼制与殡葬民俗；墓地与坟墓；墓室、葬具和随葬品；祭祀；国内殡葬史的发展规律与启示。把殡葬放在一定的历史范围内，反映其进步、倒退、发展、停滞等现象，揭示其特点和规律，为发展我国现在的殡葬事业服务。

1.3 中国殡葬简史研究的方法及意义

1.3.1 研究方法

1.3.1.1 以唯物史观为指导

"欲知大道，必先为史。"认识和研究历史，是人类智慧的重要源泉。马克思主义是在科学地认识和研究人类社会历史的基础上创立和发展的，科学地揭示了人类社会的发展规律，并确立了唯物史观的基本立场、观点和方法，为人们认识和研究历史开辟了科学道路。殡葬史属于历史研究，必须以马克思主义唯物史观为指导，关注历史上殡葬现象的发展与变化原因，关注殡葬与相同时空的客体世界的环境与物质的变化关系。这里的"物质"包括人们的生产方式、生产关系、科技发展水平，以及物质生活决定的哲学社会科学认知能力。从人类墓葬的起源来说，它不是迷信的产物，而是人类社会发展到一定阶段的历史必然。表面来看，墓葬源于人类的情感，但其实是人类生存组织形式的变化，造成人类情感的出现，产生人类的单体墓葬。随着社会发展，社会组织发生相应的变化，家庭、家族、氏族等社会组织相继出现，墓葬又从单体墓葬发展到原始墓地。随着社会生产力的发展，贫富分化、社会分层的出现，墓葬也同样出现了大小不一、规模不一的现象，这是客体世界决定先民墓葬变化的根本原因，不同阶层、阶级的人的墓葬在棺椁、墓室、随葬品、祭祀活动等方面的差距进一步加大，并被赋予社会性规制而推行实施。

马克思谈到自然环境的不同而导致人类文化的差异时指出："不同的共同体，在各自的自然环境中找到不同的生产资料和不同的生活资料，因此他们的生产方式、生活方式和产品也就各不相同。"不同地区一般大众的墓葬反映出，各自不同的环境决定了先民文化的差异性。

马克思主义哲学中的历史唯物主义告诉我们，要用历史和发展的眼光去看待历史上发生的一切现象，今天的殡葬活动是历史上殡葬活动的延续。一方面，它是批判地继承以前各代遗留下来的文化遗产，在新的先进的殡葬文化指导下从事的殡葬活动；另一方面，又要用先进的殡葬文化来改变旧的殡葬文化，用历史唯物主义观点来指导殡葬史的研究，要求我们以科学的态度看待传统殡葬文化，区分哪些是宣传封建伦理道德、崇尚迷信思想的东西，哪些是反映人类文明、推崇社会公德、至今仍值得继承发扬、为社会主义殡葬文化所包容的精华部分。

1.3.1.2 多学科相结合

现代科学研究从分学科走向多学科、跨学科结合的发展趋势，因此殡葬史的研究应吸收考古学、历史学、人类学、民俗学、社会学、法学、哲学等有关殡葬文化研究方面的新资料、新成果，这样才能保障中国殡葬简史具有与时代发展同步的科学方法、理论体系、学术研究基础，为殡葬事业的创新提供理论创新支撑。

总之，中国殡葬简史是一部殡葬文化的发展史。发展需要在继承与扬弃中进行，从殡葬在历史上出现至今，殡葬不断随着社会的发展变化而变化，在适应社会历史发展中不断改革。殡葬发展和变化是其永续存在的必然。

1.3.2 研究意义

1.3.2.1 促进殡葬学科建设

中国是目前世界上人口最多的国家,有着悠久的殡葬历史。在中华民族悠久的历史中,殡葬被视为国家大事,先秦时代的《左传·成公十三年》记载:"国之大事,在祀与戎。"在继承优秀文化传统的同时科学地发展殡葬事业,仍然是我们当前和今后相当长时间内的重要任务。殡葬事业与其他社会事业一样,都有其自身发展的规律,研究历史,探索历史规律,服务于社会发展是历史科学的基本任务。

以科学态度、科学方法、科学理论构建当代殡葬学,这是殡葬事业能够健康有序发展的科学支撑与保障。殡葬学的研究内容具有丰富性和多样性的特点,它涉及的学科十分广泛,包括殡葬史、生命文化学、殡葬社会学、殡葬伦理学、殡葬心理学、死亡学、殡葬法律、殡葬文化学、殡葬经济学、殡葬管理学、殡葬市场营销学、殡葬信息管理学、殡葬公共关系学、殡葬传播学、殡葬环境保护学、殡葬设施规划设计,以及从技术角度研究殡葬服务的遗体防腐保存、遗体整容美容、遗体火化技术等。由上述各门学科组成的殡葬学学科体系是一个大系统。殡葬史是殡葬学的学科发展基础,是殡葬学的一个子系统,是它的分支部分。殡葬史通过对古今中外不同民族、不同信仰、不同文化背景的人群在不同时期的殡葬活动的研究,从人的生命结束开始到遗体的保存、运输、安葬,关注"死的尊严"。深入、细致地研究殡葬史,可以丰富殡葬学的内容体系,促进殡葬学学科体系建设。

1.3.2.2 推进殡葬文化发展

人类在漫长的历史发展中创造了丰富多彩的文化,其中也包括殡葬文化。殡葬文化既是人类智慧的结晶,也是历代人们社会思想意识的凝结,它带有明显的时代印记。历史在前进,社会在进步,文化也在发展,它在不断淘汰旧文化的过程中补充吸收并形成新的文化。殡葬史的研究任务是要引导人们正确识别传统文化中哪些是腐朽的东西,哪些是仍然有进步意义的东西,认清什么是社会主义先进的殡葬文化。殡葬史的研究,有利于推进殡葬文化破旧立新的发展过程。

1.3.2.3 推动殡葬事业改革

中共十七大提出了建设生态文明,实现了科学和谐发展理念的升华。殡葬改革是社会主义文明体系建设的一项重要内容。在中国特色社会主义新时代，从生态文明的高度重新定位殡葬改革和管理，把生态文明理念融入新时期的殡葬改革和管理中，充分观照我国传统文化中的殡葬观念和习俗，继承和发扬殡葬改革和管理的经验，适应社会管理、公共服务、生态文明发展大趋势，破解殡葬改革和管理深层次的矛盾，切实保护人类生存环境。殡葬史的研究，无疑是增加了一个改革前进的助推器。研究殡葬史是为了"以史为鉴"，做好涉及千家万户的殡葬事业，使殡葬事业与时俱进、科学有序地发展。

小 结

中国殡葬的产生时间很早，中华民族的殡葬习俗和殡葬文化源远流长，历代延续不衰，不断发展充实。"殡葬"一词也不断发展演变，形成独特的内涵。研究中国殡葬简史，首先要了解"殡""葬""祭"等概念，这是学习殡葬史中各种殡葬现象的基础。随着殡葬理论研究的不断深入，殡葬史成为殡葬学和历史学的一个分支学科。要以唯物史观为指导，多学科相结合地研究中国殡葬简史，促进殡葬学科发展，推进殡葬文化建设，推动殡葬事业改革。

思考与练习

1. 简述"殡葬"一词的内涵演变。
2. 简述"殡""葬""祭"之间的联系与区别。
3. 简述殡葬史与殡葬学的关系。
4. 简述殡葬史与历史学的关系。
5. 简述中国殡葬简史的研究对象。
6. 简述中国殡葬简史的研究方法。
7. 简述中国殡葬简史的研究意义。

模块2
史前时期的殡葬

学习目标

了解史前时期殡葬的产生及发展，以及氏族社会的丧葬习俗对后世丧葬的影响，并基于此形成的史前时期的丧葬制度与礼仪。

2.1 史前时期的殡葬综述

史前时期是指没有正式文献记载的历史阶段，以人类的出现为始，以夏王朝的建立为终。史前时期大致分为三个阶段，即原始群、血缘家族、氏族社会。在原始群阶段，人类几乎完全处于蒙昧状态，没有社会组织，也没有殡葬活动。血缘家族时期，人人平等，共同生产，共同消费。人们居住在洞穴之中，将逝者也埋葬其中。后人将这种埋葬形式称为居室葬。

直到旧石器时代晚期，人类进入氏族社会，基于血缘关系在共同生活中产生了亲情观念。在亲情观的影响下，人们才有意识地安葬逝者，产生了集中安置逝者的氏族公共墓地。公共墓地大都整齐标准、排列有序，在地理位置、埋葬方向、葬式等方面有严格的制度。随着生产力水平的提高，新石器时代晚期父权制建立，私有财产出现，社会分化、分层现象出现并加剧，墓地的形式也由氏族公共墓地演变为父系家族的墓地。传统的丧葬习俗也发生了变化。

2.1.1 殡葬的起源

在人类社会早期，由于生产力水平低下，人类对于自己与自然的关系以及自然现象还是困惑不解的，不能形成丧葬观念。因此人对逝者所做出的行为和动物并无太大差别。经过几十万年的历史演变，大约到旧石器时代中期，原始人的万物有灵论开始萌芽并发展起来。

原始人除了有万物有灵论外，他们还认为人死后应得到该有的尊重。因此，原始人对逝者的遗体不再随意遗弃而要妥善处理，出现了一套安葬逝者的礼仪。丧葬之俗由此产生。从考古发掘资料来看，原始人最早有意识地举行丧葬活动、产生丧葬礼俗的时间是旧石器时代晚期至整个新石器时代。1933年北京周口店山顶洞遗址中，考古学家发现了墓葬的遗存，是一处以二次合葬为形式的公共墓地，其反映了氏族成员一视同仁的血亲关系和一律平等的地位。在老年男子、中青年妇女遗体的周围撒有赤铁矿粉末，身上佩戴用兽牙、蚌壳和鱼骨做成的骨坠，以及钻孔的兽齿、石珠等装饰品，周围还有燧石石器等物。从人类文化学的资料来看，在逝者身上或身旁撒赤铁矿粉末，是旧石器时代晚期常见的丧葬仪式之一。红色象征鲜血，而血又是生命的来源，在逝者及其周围撒赤铁矿粉末，表示给逝者以新的血液。这个时期丧俗具体的表现还有逝者埋葬方向的选择、周围铺垫红色粉末、瓮棺留有小孔、公共墓地的建立、不同的葬式、随葬品的数量等，表明人们对逝者的妥善处置。

随着历史的发展、父权制的建立，出现了私有财产，殡葬活动也处处体现了贫富等级，在墓地、葬具和随葬品等方面都有所体现。棺椁和明器制度在这一时期已经成熟。

2.1.2 氏族社会的殡葬

氏族是原始社会基本的、最初的社会组织形式，大约产生于旧石器时代晚期，分母系氏族和父系氏族。其是由血缘关系结合起来，由共同的祖先繁衍下来的。

母系氏族社会，人们居住在一起，使用公有的工具，共同劳动，共同分配食物，没有贫富贵贱的差别。受亲情观念的支配，实行统一的埋葬制。每一个氏族有自己的公共墓地，同一处公共墓地在逝者头的朝向上也具有统一性，排列有序。如仰韶文化的半坡墓地内，埋葬方向多数向西或者接近向西。❶ 仰韶文化的姜寨墓地位于居住区的东、东北、东南面，由小沟隔开。男女分别埋葬，墓圹一般为长方形或者正方形的竖穴式土炕。❷

---

❶ 中国社会科学院考古研究所：《中国考古学·新石器时代卷》，中国社会科学出版社，2011。
❷ 西安半坡博物馆：《半坡仰韶文化纵横谈》，文物出版社，1988。

父系氏族社会，贫富差别加大，出现了随葬品数量、质量的显著不同。这种变化在仰韶文化、大汶口文化晚期，以及龙山、齐家文化时期发现的氏族公共墓地中都有反映。如山东大汶口文化遗址中的墓葬大部分在发掘地点的西南部，墓葬密集程度高，葬式以仰身直肢葬为主。男女分别埋葬，有少数成年男女合葬。有的墓圹很大，随葬品超过百件，以猪头或者猪下颚骨随葬的习俗最为突出。多数墓葬没有或者有少量的随葬品。❶

2.2 史前时期的殡葬习俗

殡葬习俗是指在当时社会环境与生活条件下形成的哀悼逝者的一系列礼仪活动与行为习惯，体现了生者对逝者的哀悼方式。殡葬习俗是社会政治、宗教、经济、文化的折射，是民俗文化的重要组成部分。史前时期的殡葬习俗随着社会时代的发展不断变化，包括土葬、火葬等，以及一些特殊的风俗。

2.2.1 葬法

葬法是指安置逝者的方法。史前时期的葬法主要有土葬和火葬，除此之外还有瓮棺葬和衣冠葬等。

2.2.1.1 土葬

土葬是人死亡后的丧葬方式之一，是指以土掩埋遗体的形式安置逝者。土葬的方式中简单的有堆土墓，复杂的分为竖穴土坑墓、高台墓、土洞墓等。

（1）竖穴土坑墓

旧石器时代晚期远古人群陆续走出洞穴，开始出现在平地建造地穴式、半地穴式房屋的演进现象。受这种居住方式影响，出现了与此相似的竖穴土坑墓。古人从地面竖直向下挖出葬坑，然后将棺木置入坑内，之后摆放随葬品和其他殉祭物，再用土掩埋。竖穴土坑墓出现于旧石器时代晚期，新石器时代最为流行，到战国后期逐渐减少。墓坑平面的形状有长方形、正方形、圆形或椭圆形、亚字形等，其中长方形墓坑最为多见。早期的长方形竖穴土坑墓多较小、较浅，后来出现了规模较大的墓。

---

❶ 山东省文物管理处等：《大汶口：新石器时代墓葬发掘报告》，文物出版社，1974。

(2) 高台墓

高台墓是指在自然高地或人工筑成的土堆上挖墓穴埋葬逝者的方式。这种埋葬方法源于地下水充裕的地区，是古人适应自然、改造自然的殡葬措施。良渚文化遗址中出现了高台式墓葬。

(3) 土洞墓

土洞墓是中国古代墓葬方式之一。墓室西高东低、西宽东窄，有拱形的顶，就像一个小型的土窑洞。土洞墓在史前时期主要流行于西北地区的黄土高原地带。

2.2.1.2 火葬

火葬也称"熟葬"，是指把逝者遗体包括葬具同时焚烧的殡葬方式，是在史前时代除土葬外的另一种葬法。如在山东大汶口文化遗址中就有火葬的印记，此处有墓葬200多座，其中有8座火葬墓，均为多人合葬，骨灰被烧成灰白色或黑色。❶

2.2.1.3 瓮棺葬

瓮棺葬是一种以陶瓮或陶罐等为葬具来安置逝者的葬法，盛行于新石器时代。瓮棺葬的埋葬位置一般都在居住区房屋的附近。❷ 仰韶文化遗址是我国史前时期瓮棺葬最盛行的地区，有瓮棺葬遗址50多处，占全国总数的一半以上；瓮棺墓700多座，占全国总数的三分之二。瓮棺葬绝大多数用来埋葬婴儿或儿童。瓮棺葬中，绝大多数作为瓮棺盖子的陶盆或陶钵底部中间有一个人工凿制或敲击而成的小孔，孔径一般在0.8～2厘米，有的呈很规则的圆形，有的则呈不规则状。❸

2.2.1.4 衣冠葬

衣冠葬是墓内无逝者遗体，仅埋藏逝者生前穿戴过的衣物的葬法。这一葬法，早在新石器时代晚期的山东大汶口文化遗址中就已经出现。衣冠葬的出现与当时社会的现实生活有关。在当时氏族部落之间经常发生掠夺财富的战争，由于种种原因，战死的勇士遗体无法收回，于是为了纪念他们，往往要为他们举行盛大而隆重的葬礼，对他们实行厚葬，为他们建造一座衣冠墓。

---

❶ 郑禄红、陈宇鹏、彭峪、林玉海：《胶东半岛史前考古的又一收获——山东即墨北阡遗址发现北辛-大汶口及周代遗存》，《中国文物报》，2014年7月18日，第8版。
❷ 李松仰：《谈谈仰韶文化的瓮棺葬》，《考古》，1976年第6期。
❸ 许宏：《略论我国史前时期的瓮棺葬》，《考古》，1989年第4期。

2.2.2 特殊殡葬习俗

由于地理条件和自然环境的不同，人们在社会实践中也存在比较少的特殊殡葬习俗，如割体葬俗、施色葬俗、暖炕葬俗、殉猪葬俗等。

2.2.2.1 割体葬俗

割体葬俗是指把逝者遗体的一部分在安葬前割掉的一种葬俗，在很多新石器时代的遗址都有发现。在属于新石器时代仰韶文化的西安半坡遗址的一些墓葬中，逝者的肢骨、指骨不全，其残缺部分可在随葬的陶器或填土中发现。类似的现象在甘肃永昌鸳鸯池、青海乐都柳湾、福建闽侯县石山、黑龙江密山新开流等地的新石器时代遗址的墓葬中也都有发现。

2.2.2.2 施色葬俗

施色葬俗是指在逝者身上或墓底涂抹有色物质的习俗，包括赤铁矿粉末、朱砂、红烧土块，以及在逝者面部涂以红色或黑色的葬俗。涂朱或涂黑，取决于不同氏族对某种颜色的爱好。施色葬俗在我国起源很早，旧石器时代山顶洞人就曾采用赤铁矿粉末，到新石器时代这种习俗在丧葬中更为流行。

2.2.2.3 暖炕葬俗

暖炕葬俗是指用柴草烧燎墓坑，意在表示让逝者长眠于暖和干燥的环境。这一习俗早在新石器时代就已经流行于我国南方地区。暖炕葬俗自新石器时代产生以来，一直沿袭流传。后世丧葬中所谓的"暖墓""圆炕"等习俗便是由此演变而来。

2.2.2.4 殉猪葬俗

新石器时代中晚期墓葬中也发现很多用猪、羊、犬等家畜随葬的现象。其中最多见的就是殉猪葬俗，即在墓葬中使用猪牙床、猪下颚乃至整头猪来为逝者随葬。对于先民使用猪随葬的习俗用意，大多数学者都认为在当时猪是财富的象征。

2.2.2.5 人殉葬俗

人殉葬俗起源于父系氏族社会确立以后，是社会出现等级差别，贫富分化后产生的殡葬理念和表现。殉葬是指以牲畜或者用人陪同逝者葬入墓穴。被殉葬者大多是战俘、女仆等地位低下的人。

2.2.3 葬式与葬具

2.2.3.1 葬式

葬式即埋葬时遗体的放置姿势，包括逝者的入埋次数、入埋姿势，以及墓坑中逝者人数、埋葬方向等方面。从逝者入埋次数来看，可分为一次葬、二次葬或一二次混合葬；从墓坑埋葬人数来看，可分为单人葬、多人葬等；从逝者入埋姿势来看，可分为仰身直肢葬、仰身屈肢葬、侧身直肢葬、侧身屈肢葬、俯身葬等；从逝者入埋方向来看，多数墓地表现出方向一致的特点，埋葬的方向主要与本部族的某种信仰有关。

一次葬是对逝者进行一次性的埋葬。这是我国新石器时代最普遍的一种埋葬形式，多为单人葬，有少数合葬墓。

二次葬又称迁葬、洗骨葬、捡骨葬、残骨葬等，是指采用风化、土化、火化、水浸等不同方式，使逝者的皮肉和内脏等软组织腐烂之后，再把其骨骼收拾起来，做一次或两次以上处置的葬式。

直肢葬多分为仰身直肢葬和侧身直肢葬。仰身直肢葬是指逝者仰面朝天，身体仰卧伸直，上肢平行放于两侧或两手放于腹部的葬式，呈现的是人生前最自然的仰卧状态。这种葬式在我国新石器时代早期广为流行，是放置遗体最常见的形式。如河南新郑裴李岗文化的114座墓葬，以仰身直肢葬为主；❶ 仰韶文化西安半坡遗址中绝大多数墓的葬式为单人仰身直肢葬。侧身直肢葬是指逝者遗体侧卧，双臂垂直贴身，两脚伸直并拢的葬式。这种葬式在马家窑文化、齐家文化等新石器时代的墓葬中均有发现。史前时期的侧身葬较为罕见，为一种比较特殊的葬式。

屈肢葬是一种把遗体下肢屈折，使下肢呈蜷曲形状，然后葬入墓坑的葬式。它主要可以分为仰身屈肢、侧身屈肢、蹲踞葬等形式，其下肢弯曲的程度视股胫间内角大小而定。屈肢葬在中原地区主要流行于新石器时代和春秋战国时期。

俯身葬是一种扑倒姿势的葬式，它又可分为俯身直肢、俯身侧肢、俯身屈肢三种。在新石器时代这种葬式颇为流行，如长江下游的马家浜文化普遍实行单人

---

❶ 中国社会科学院考古所河南一队：《1979年裴李岗文化发掘报告》，《考古学报》，1984年第1期。

俯身葬，仰韶文化墓地中也有许多俯身葬。俯身葬多为单人葬，是对非正常死亡的逝者的一种处理方式。

2.2.3.2 葬具

葬具是指放置遗体的器具。考古发现最早的葬具是在距今7000年左右。葬具到新石器时代晚期已较为流行。根据材料的不同，中国古代的葬具主要有陶制、石质、木质等几类。

陶制葬具主要出现在瓮棺葬或瓦棺葬中。瓮棺葬是一种以陶瓮或陶罐等陶制葬具来安置逝者的葬法，较早出现并流行于黄河中游的仰韶文化时期，此后盛行于新石器时代。瓮棺葬作为一种特殊的葬俗，普遍存在于史前的墓地中。多数瓮棺葬没有随葬品，只有少数墓有随葬品。

用石材建造墓室或在土坑穴内用石材制作葬具的特殊方式，统称为石室葬。史前时期的丧葬习俗中，使用石材建墓的地点虽然很多，但在一个墓地中以石室为主建墓的却很少，在新石器时代的条件下，石室构造相对粗糙。

木质棺椁是使用木材加工制作的葬具，棺内直接盛殓遗体，有的在棺内放置贵重随葬品和逝者装饰物。椁是套在棺外的木罩。自从木质棺椁出现以后，便被人们快速地接受，成为殡葬文化的主要内容之一。史前时期最早的木棺见于仰韶文化早期的半坡墓地，其中的152号墓中，在墓穴四壁均发现木板灰痕。[1]

小 结

由于生产力的局限，史前时期殡葬活动没有一定的礼俗，旧石器时代晚期出现了万物有灵论，仪式也相对比较简单。这一阶段氏族社会已经出现，血缘关系加强，同时自我意识高涨，有了对死亡的思维以及意识，同一氏族的人死后大致要埋在一个范围内。等级墓葬早期阶段，私有制出现，财富的多少、社会地位的高低在公共墓地的葬位和陪葬品上已有明显区别，出现了一些特殊的丧俗。

思考与练习

1. 简述殡葬的起源。

---

[1] 中国科学院考古研究所：《西安半坡原始氏族公社聚落遗址》，文物出版社，1963。

2. 简述史前时期的葬法。
3. 史前时期的土葬方式有哪些？
4. 史前时期的特殊殡葬习俗主要有哪些？
5. 什么是施色葬俗？
6. 简述史前时期的葬式。
7. 简述史前时期的葬具。

模块 3
先秦时期的殡葬

> **学习目标**
>
> 了解先秦时期随着社会阶级的出现，社会的殡葬活动向着制度化、体系化发展，并逐渐在西周时期形成了一整套的殡葬理论与制度。在此理论、制度的推广与操作过程中，初步形成了"孝"的观念，并基于此形成了先秦时期的殡葬礼仪。

3.1 夏商周时期的殡葬

"灵魂不灭"是原始社会遗存下来的古老观念，夏商西周时期，这一观念盛行一时。与此同时，殡葬中的"孝道"观念也逐渐产生与发展。这一时期出现了厚葬礼俗，甚至是人殉、人牲等制度；殡葬仪式和祭祀（祖先崇拜）盛行，在殡葬活动中开始出现各种规制；墓葬中所使用的青铜明器无论是种类还是数量都有了显著的提升，其中酒器处于非常突出的地位；墓葬制度进一步发展，出现了公墓与邦墓，墓葬形制和墓上建筑也已成形；青铜器在殡葬中（特别是祭祀与随葬）的广泛使用是夏商周时期的重要特征。

3.1.1 夏商周时期的丧葬观

3.1.1.1 夏人的丧葬观——"事鬼敬神"

夏代的"灵魂不灭"观念盛行。《礼记·表记》中有"夏道尊命，事鬼敬神"的记载，《尚书·召诰》也有"有夏服天命"的记载，这说明夏人信鬼。夏代流行占卜，便是鬼神迷信思想的反映。《礼记·檀弓》同样有"夏后氏用明器""明器，鬼器也"的记载。

夏人"灵魂不灭"的观念造成了厚葬之风，不仅是王室、贵族和奴隶主，就连平民也开始流行厚葬。考古发现的一些夏商遗址和甲骨中，皆有厚葬遗迹和随葬实物出土，如河南偃师二里头遗址等。

3.1.1.2 商人的丧葬观——"先鬼而后礼"

殷商时期，自然崇拜、鬼神崇拜、祖先崇拜三大信仰系统已经形成。殷商时期的宗教在很大程度上是对原始宗教观念的继承，并有了自己的特点。对鬼神的崇拜成为维持商代方国联盟政体存在的重要纽带和条件。"殷人尚鬼"，《礼记·表记》曰："殷人尊神，率民以事神，先鬼而后礼"。《礼记·祭义》曰："众生必死，死必归土，此之谓鬼。"从殷墟发掘出的甲骨卜辞中的"鬼"字，也同样体现了殷商人的鬼神信仰。

殷商人的鬼神信仰在殡葬中的反映是厚葬。商代沿袭了夏人厚葬的礼俗，商王、贵族和奴隶主的陵墓规模宏大，随葬有大量物品，同时以奴隶、牲畜等殉葬。如考古中发现的商王武丁的配偶妇好的墓葬，该墓有16位殉人、6只殉狗，以及礼器、乐器、兵器、生活用具和工艺品，还有大量青铜器、玉器、骨角器、石器、宝石、陶器、象牙器、海贝等物。

殷商时代的祖先崇拜脱胎于原始社会的"万物有灵"观念，同样认为人死后也会有灵魂存在，这些灵魂还决定着活人的命运。有鉴于此，殡葬中的祖祭成为殷商宗教活动的重要内容。从现有的甲骨卜辞可以看到，殷商人向其祖先占卜的次数非常频繁。郭沫若先生在《卜辞通纂》中提到其所收藏的800片甲骨中，就有326片是用于占卜的。

据统计，安阳殷墟出土的卜辞甲骨片有10万多片，内容大多是关于祭祀的，其祭祀对象、名目、形式和礼仪等非常丰富。商王和贵族一天中最重要的事就是祭祀鬼神和祖先，有时一天之内祭祀数次，祭祀场所以及人祭、牲祭的葬坑随处可见。殷商人还用卜筮决断，向鬼神问卜以决定人们的行为，当然，解释权是由祭司掌握的。殷商人用甲骨占卜向鬼神请命的做法，显示出殷商人事鬼神的虔诚。

殷商人的祭祀和卜筮活动的目的是取悦鬼神和祖先，希望他们降福佑护自己。同时商王和贵族通过祭祀和卜筮显示他们能通神的能力，人们要想得到神灵的庇护，就要听从神的安排，以达到《国语·周语》所说的"以教民事君"和《礼记·曲礼》所说的殷商人"敬鬼神畏法令"的效果，以此维护商王、贵族和奴隶主的统治。

殷商人在"灵魂不死"和"祖先崇拜"的思想中，殡葬观念也发生了变化，即"殷人用祭器"。这表明了在"尚鬼"的宗教信仰中已逐步产生了人伦的丧祭，这成为"周因于殷礼"的思想与社会基础。

3.1.1.3 周人的丧葬观——"敬鬼神而远之"

周人与殷商人一样也把鬼神崇拜作为国家的头等大事。如《左传·成公十三年》中说："国之大事，在祀与戎。"但周人鬼神崇拜的程度比殷商人要轻得多，主要是因为周朝取代了商朝。《尚书·召诰》中强调"皇天上帝，改厥元子，兹大国殷之命，惟王受命"，《尚书·康诰》中也说"惟命不于常"。这表明了周人对鬼神的态度。所以孔子在《礼记·表记》中说"周人尊礼尚施，事鬼敬神而远之"。

周人这种天命理论和"敬鬼神而远之"的观念，逐步形成了"德"的概念。其影响可以从周人的殡葬中反映出来，如殉、祭的奴隶和随葬的青铜器与商代相比都呈减少的趋势。但商代以来的厚葬礼俗并未改变，尚鬼之风气仍然存在。直到周穆王时，特别是西周中期以后，这种厚葬风气才得以减弱，特别是人殉几乎绝迹，随葬品减少，列鼎制度出现，以青铜器代表逝者的身份。如此说明，周人已逐渐摆脱了殷商人"尚鬼"的礼俗。

3.1.2 "孝"观念的产生

"孝"字最早见于商代卜辞，用于地名。商代金文中也有"孝"字，用作人名。当时有"孝"字但没有孝的观念。西周以来，随着以家庭经济为核心的生产方式的确立与发展，"孝"字有了新的含义。在周礼形成以前，周代金文、《周书》、《诗经》等中关于孝的记载就大量出现，开始强调"孝"是对在世父母的孝，同时也要有对去世的父母、祖先的孝。如《尚书·周书·文侯之命》中说"追孝于前文人"。《诗·周颂·雝》有"假哉皇考，绥予孝子。宣哲维人，文武维后。燕及皇天，克昌厥后"。《诗·大雅·下武》有"成王之孚，下土之式。永言孝思，孝思维则。媚兹一人，应侯顺德。永言孝思，昭哉嗣服。昭兹来许，绳其祖武。于万斯年，受天之祜"等。在金文资料方面，"孝"出现得更多。据山西大学历史系李裕民教授统计，西周金文讲"孝"的共有六十四器，其中多对已死的父母、先祖进行"追孝"，即追加孝道，大多表示子孙后代们要继承祖先的功业，按祖制去办事。这种基于血缘关系的"孝"是对在世父母的"孝"的延伸和扩大。

3.2 春秋战国时期的殡葬

春秋战国时期，随着生产力的发展，旧的奴隶制瓦解，封建制尚未形成，周王室衰微，旧的礼制规范被打破，社会出现动乱的局面。面对这种现象，许多思想家针对现实发表各自的主张，形成了不同的学派，出现了百家争鸣的局面。

首先受到质疑的是"鬼神主宰人事"的观念，孔子、墨子、老子等人从各自的角度提出了自己的丧葬观，他们希望通过丧葬的礼仪程序来改善和稳定社会秩序。

3.2.1 春秋战国时期的殡葬观

春秋战国时期，社会动荡不已，出现"礼崩乐坏"的局面。一些哲学家和政治家希望通过自己的主张恢复社会秩序。同时，随着社会生产力的迅速发展、科技的进步和封建社会生产制度的逐步形成，人们的思想与意识形态也发生了较大的变化，一些人开始思考人的生死问题。在这一时期，孔子、墨子、老子等人从各自的角度提出了自己的丧葬观，对后世产生了极其深远的影响。

春秋战国时期，以孔子、孟子为代表的儒家逐步确立了儒家的殡葬礼仪，并积极宣传与推广。儒家的殡葬礼仪不仅隆重、烦琐，而且还有等级森严的礼制规定。其在当时并没有成为主流的丧葬观。

3.2.1.1 主流的"鬼神论"丧葬观

春秋战国时期，随着生产力的发展和社会制度的变更，人们的意识形态发生了较大的变化。一些思想家开始对人死后的世界进行思考，对鬼神有了一定的质疑，开始强调人的作用，但鬼神观仍是主流。《左传》中记载随国的季梁曰："夫民，神之主也。是以圣王先成民而后致力于神。"虢国的史嚚曰："吾闻之，国将兴，听于民；将亡，听于神；神，聪明正直而壹者也，依人而行。"虽然有人质疑鬼神，但春秋时期的人仍然坚信传统的观念。

墨子明确承认灵魂不灭，在其所著的《墨子·明鬼下》中，不但描绘了鬼神的世界，还认为"鬼神之能赏贤而罚暴"。为了加强说服力，更列举了古代和传说的鬼神故事，以证明"鬼神之有，岂可疑哉"。除墨子外，道家的老子也在《道德经》中曰："以道莅天下者，其鬼不神。非其鬼不神，其神不伤人。"也承认有鬼神的存在。列子（列子名寇，战国前期道家代表人物，是介于老子与庄子之间道家学派承前启后的重要人物）在《列子·天瑞》中说："死于是者，安知不生于彼。"此外，《吕氏春秋》也载有黎丘奇鬼的故事。当时民间较为流行的传说还认为，鬼可以群居。如《周易·睽·上九》记载："见豕负涂，载鬼一车。"从这些记载就可以看出春秋战国时期鬼神观念的盛行。

周人认为人死后灵魂要变成鬼，鬼可作祟于生者，亦可保佑生者。所以人们去讨好鬼神，祭鬼祭祖，还要用重金厚葬去安抚鬼神，以换得富足与安宁。因而厚葬便成为当时社会的一种习俗。

3.2.1.2 儒家的孝道丧葬观

儒家是先秦时期一个重要的学术派别，由春秋末期的孔子创立。所以儒家以孔子为宗师，孔子被后世尊奉为"至圣"。《汉书·艺文志·诸子略》把儒家列为先秦至汉初"九流十家"之首。自汉武帝"罢黜百家，独尊儒术"后，其学说逐渐成为中国文化的主流。儒家学说对孝道观念一直是推崇和提倡的。儒家孝道观非常重视人生命的消逝，把为父母送终看成是尽孝的主要标志之一。

儒家的孝道观源于周代。周人受远古祖先崇拜的影响，在宗教观上表现为尊祖，在伦理观上表现为孝祖，在丧葬观上表现为厚葬。《诗·周颂·闵予小子》曰："于乎皇考，永世克孝。念兹皇祖，陟降庭止。……于乎皇王，继序思不忘。"《诗·周颂·雝》曰："假哉皇考，绥予孝子。宣哲维人，文武维后。燕及皇天，克昌厥后。"《诗·大雅·下武》曰："昭兹来许，绳其祖武，于万斯年，受天之祜。"周人这些话意在用追孝来表示子孙后代继承祖业、按祖先法式办事的决心，只有这样才会受天之佑。周人非常重视对逝者尤其是对祖先的孝。

孔子继承并发扬了周礼中的孝道观念，也十分重视"孝"在丧葬中的作用，还把"孝"与"礼"结合在一起。鲁国大夫孟懿子问孝，孔子对曰："无违。"就是说无违于礼的尊严。弟子樊迟听后不明白，乃问孔子这是什么意思。孔子答曰："生，事之以礼；死，葬之以礼，祭之以礼。"（《论语·为政》）这强调子女在父母生前死后，都要严格按照礼节的规定行孝，绝不能允许有任何违礼的现象存在。当弟子认为守丧三年太久时，孔子批评曰："予之不仁也！子生三年，然后免于父母之怀。夫三年之丧，天下之通丧也，予也，有三年之爱于其父母乎！"（《论语·阳货》）

孔子重视送死的程度超过了养生。如《中庸》曰："事死如事生，事亡如事存，孝之至也。"在《论语·学而》中曰："慎终追远，民德归厚矣。"儒家十分重视丧葬，孔子虽然不主张厚葬，主张崇尚精神性的悼念，但他倡导的孝道观客观上对后世的厚葬之风起了推波助澜的作用。《淮南子·汜论训》曰："厚葬久丧以送死，孔子之所立也。"

到了战国时期，孔子提倡的重精神的悼念观开始向重物质的悼念观转移，殡葬活动出现了由俭到奢、由简到繁的变化。作为孔子的儒家思想继承者的孟子和荀子，就是这一时期殡葬思想的代表。

孟子，名轲，邹国人。他继承并发展了儒家学说，被后人尊称为"亚圣"。孟子继承了孔子"孝悌为本"的伦理思想，认为"礼"就是调节人与人之间关系的礼节制度和道德规范，是适应和调节尊卑上下的等级关系的需要而产生的。因此，人际关系中情感和行为的表达，都应以"仁义忠孝"作为衡量的标准。他极力主张"入则孝，出则悌，守先王之道"（《孟子·滕文公下》）。他在《孟子·离娄上》中曰："事孰为大？事亲为大。""事亲，事之本也。"以及"孝子之至，莫大乎尊亲；尊亲之至，莫大乎以天下养。为天子父，尊之至也；以天下养，养之至也。"（《孟子·万章上》）等，认为给父母送终"可以当大事"（《孟子·离娄下》），君子不应在父母身上俭省。他还强调"不孝有三，无后为大"（《孟子·离娄上》）。

孟子认为孝道是丧葬观的主体精神，积极倡导厚葬并身体力行，为后世之楷模。《孟子·公孙丑下》记载了他厚葬其母的故事。孟子奉母仕于齐，母卒，他即派弟子充虞请匠人赶制棺椁，并吩咐要用上等木材。充虞认为孟子用上等木材制作精美的棺椁过于奢侈。孟子告诫充虞说："古者棺椁无度。中古棺七寸，椁称之。自天子达于庶人，非直为观美也，然后尽于人心，不得不可以为悦，无财不可以为悦。得之为有财，古之人皆用之，吾何为独不然？"在孟子看来，厚葬"非直为观美也"，而是为了讲礼尽孝，否则就是不孝。孟子以后，厚葬被冠以礼、孝的美名，左右了中国两千多年的厚葬风俗。

荀子也十分强调礼、孝在丧葬中的重要性。《荀子·礼论》曰："丧礼者，以生者饰死者也。""礼者，谨于治生死者也。生，人之始也；死，人之终也。终始俱善，人道毕矣，故君子敬始而慎终。……夫厚其生而薄其死，是敬其有知而慢其无知也，是奸人之道，而背叛之心也。"

在这种儒家孝道丧葬观念的支配下，从周迄明清，历代都盛行厚葬，厚葬成为我国古代的主流丧葬观。

3.2.1.3 道家的"自然""无为"丧葬观

老子，大约与孔子生活在同时代而长于孔子。老子曾做过周王室的史官，孔子年轻时游历洛阳，曾向老子请教过"道"。老子是我国文化史上一位影响深远的人物，一部五千言的《道德经》，蕴含深意，令历代学者叹服不已，后世累代有注释者。

到孟子时代，儒家学说中大量地吸取了道家成分，如对儒家经典《易经》进行注释的《十翼》（又称《易传》）中有不少就是按老子辩证法精神写成的。诸如其中《周易·系辞上》的"一阴一阳之谓道"即为道家方法论之精髓，亦是中国两千年哲学方法论之精髓。

道家的思想主要来自先秦道家的学说。道家中的老庄学派主张宇宙万物都源于神秘的"形而上"的本体——"道"，"道"是宇宙间一切有形之物的本源。如《道德经》所说的"有物混成，先天地生，寂兮寥兮，独立而不改，周行而不殆，可以为天下母。吾不知其名，字之曰道"，"天下万物生于有，有生于无"。"道"具有神秘性、先验性。以后这种思想就被道教改造成宗教理论，并神化老子为教祖，即"太上老君"。

道家的主要经典著作是《道德经》，主要的代表人物是春秋时期道家的创立者老子。道家认为"道"是宇宙的本源与主宰者，是宇宙的初始与万事万物的本体，即《道德经》中所说的"道生一，一生二，二生三，三生万物"。"道"生成宇宙中的万事万物。

道家所奉行的人生观是比较积极的，它以生为乐，重生恶死，同时强调天道循环、善恶承负、因果报应。老子取一种自然主义豁达的态度对待死亡。"飘风不终朝，骤雨不终日。孰为此者？天地。天地尚不能久，而况于人乎？"所谓"有生必有死"，"盛极而衰"，"物壮则老"。后世中国人将老年人的自然死亡称为"善终"（"五福"之一，"五福"分别为长寿、富贵、康宁、好德、善终），称人去世为"老了"，并将丧事当成"白喜事"来办，就是深受老子死亡哲学的影响。老子在《道德经》五千言中并未过多地谈到死亡、殡葬问题，但他却为道家后起者的丧葬观奠定了基调。

在所有的先秦生命哲学中，道家中庄子的生命观是最为飘逸潇洒的。庄子追求一种落拓不羁的人格，淡泊名利，随遇而安。所谓"庄子妻死，惠子吊之，庄子则方箕踞鼓盆而歌"，藐视死亡，鄙视殡葬。死亡，在庄子那里似乎并未构成威慑力量，也未产生焦虑、烦躁的心理压力，称得上是最精致的超脱死亡的哲学思维，代表了"死亡美学"的一派。

庄子与孟子同时代生活或稍后。庄子淡泊名利，终生不仕，著书立说，现存

《庄子》一书。

老庄学派以旷达著称，生死观、殡葬观都很旷达，对他人之死、自己之死一概旷达。"顺其自然""随遇而安"体现了其生命哲学的一致性和连续性。老庄学派是通过感受到宇宙的无限广袤和生命的渺小而得出上述结论的，所谓"沧海之一粟"。道家不像儒家那样通过积极入世、建立功业来超越死亡，而是用一种宏大的思维空间去极力抹杀有限和无限、生与死的矛盾，使之"同一"，以道家的方式达到"生命永恒""生命不朽"的境界。但是，庄子将道家哲学发展到了出世主义的极端程度，以致放弃了自己的任何社会责任，带有浓厚的消极色彩。

3.2.1.4 孔子的精神丧葬观

春秋战国时期，诸子百家争鸣，从不同角度提出了自己的丧葬观。孔子是不主张薄葬的，他的孝道伦理思想在客观上为当时及后世的厚葬风气提供了理论依据。孟子之后，更是将厚葬与"孝"联系在了一起。孔子在主观上，或者说在实际行动上却不主张当时社会上盛行的物质的丧葬观，而是主张精神性的悼念。《论语·八佾》曰："礼，与其奢也，宁俭。丧，与其易也，宁戚。"《礼记》也提到："丧礼唯哀为主矣。"孔子在实际中身体力行。如他最得意的学生颜回（颜回，字子渊，孔门十哲之一，七十二贤之首，儒家五大圣人之一，后世尊称为"复圣"）死时，孔子很伤心，不停地哭喊："噫！天丧予！天丧予！"但当学生们提出要厚葬颜回时，孔子坚决不同意。"颜渊死，门人欲厚葬之。子曰：'不可。'"他认为殡葬应该"称家之有亡"，"有，毋过礼。苟亡矣，敛首足形，还葬，县棺而封"。❶ 孔子不仅反对厚葬颜回，而且连给颜回用椁都不同意。"颜渊死，颜路请子之车以为之椁。子曰：'才不才，亦各言其子也。鲤也死，有棺而无椁。吾不徒行以为之椁。以吾从大夫之后，不可徒行也。'""门人厚葬之。子曰：'回也视予犹父也，予不得视犹子也。非我也，夫二三子也。'"其实，孔子不仅对待弟子是这样，对待亲生父母也是如此。《礼记·檀弓》记载，孔子父母合葬于防，"封之，崇四尺"。孔子父母合葬墓建成后不久，被大雨冲垮，孔子知道后，泫然流涕，曰："吾闻之，古不修墓"。遂不复修。当鲁国有人要将宝物放入季平子的棺材之中作为装殓物时，孔子闻后，"径庭丽级而谏"❷。按古礼，客

---

❶ 孔子：《论语全书图解详析》，《论语·先进》，北京联合出版公司，2014。
❷ 王充：《论衡》，《薄葬》，岳麓书社，2006。

人进大门以后,要绕庭院的左侧走,上台阶也应该是走一步把双脚并齐以后再走。但孔子却不顾自己应守的礼节,直接穿过庭院,急步跑上台阶去谏阻。在孔子看来,厚葬季平子并不符合礼仪,为了阻止他的厚葬甚至可以置礼于不顾。对于孔子的这种观念和态度,后世曾给予很高的评价,并将其视为节丧的先导和楷模。

3.2.1.5 墨子的薄葬观

墨子的丧葬观主要体现在"薄葬"思想上。《孟子·滕文公上》曰:"墨之治丧也,以薄为其道也。"这种薄葬思想主要体现在他的《墨子·节用》中。墨子认为,一切加重人民负担而不能给人民带来利益的事情都不能做,即"诸加费,不加于民利者,圣王弗为"的思想。他极力主张统治者像古代圣贤一样,"制为节用之法",使王公贵族等人的消耗有一定的限度。做到"节用",这是"天德";反之,超过了限度,就是奢侈挥霍,导致"其使民劳,其籍敛厚,民财不足,冻饿死者,不可胜数也"。墨子还将这种奢侈浪费、挥霍民财的行为,称为"厚措敛乎万民","亏夺民衣食之财"。

基于这种利民思想和节俭观念,墨子对当时提倡厚葬并认为这是符合仁义和孝道的人进行了驳斥。他说"富贫""众寡""定危治乱"对于国家来说是"三利",如果实行的丧葬方法符合这"三利"便是仁、义、孝子之事,值得提倡和坚持;反之,不符合"三利"则不是仁、义、孝子之事,不应使用,要废弃。所以墨子提倡"薄葬"的立场是要符合国家万民之利。同时,墨子还对厚葬久丧的危害进行了分析和批驳。

墨子还提出了节葬的方法,他根据古代君王的埋葬之法提出:"棺三寸足以朽骨,衣三领足以朽肉,掘地之深下无菹漏,气无发泄于上,垄足以期其所,则止矣。哭往、哭来,反从事乎衣食之财,佴乎祭祀,以致孝于亲。"(《墨子·节葬下》)总之,墨子所提倡的节葬和短丧是以"利"为出发点,为政于国家或服务于天下。

3.2.2 春秋战国时期的殡葬礼仪

3.2.2.1 烦琐隆重的殡葬程序

战国时期,中国古代的殡葬礼仪在周礼的基础上得以发展完善,如儒家最为重视的"三年之丧"等,已有一整套的仪式。《仪礼》是儒家十三经之一,是我国春秋战国时期的礼制汇编，共十七篇，记载周代的冠、婚、丧、祭、乡、射、朝、聘等各种礼仪。例如，士大夫阶层的丧葬程序就有三十余项。除此之外，在服丧期间还将举行周年奠祭，即小祥祭；死后二十五月时行大祥祭；二十七月行禫祭；三年丧服期满，还要举行除服仪式。这样，殡葬仪式的程序才告完成。另外，每一项仪式还有许多细节。

3.2.2.2 等级森严的礼制规定

中国的殡葬礼仪具有鲜明的等级特色。商周时期随着殡葬活动礼仪的需要，等级色彩已经越来越分明。《后汉书·赵咨传》曰："古之葬者，衣以薪，藏之中野，后世圣人易之以棺椁。棺椁之造，自黄帝始。爰自陶唐，逮于虞夏，犹尚简朴，或瓦或木。及至殷人而有加焉。周室因之，制兼二代。复重以墙翣（出殡时覆盖在柩车上的装饰性帷幔）之饰，表以旌铭（旧时灵柩前书写逝者姓名官衔的旗幡，又称铭旌）之仪，招复含敛（古时将珠宝放于逝者口中含之入棺，后以此泛称入殓）之礼，殡葬宅兆（墓地）之期，棺椁周重之制，衣衾称袭之数……然而秩爵异级，贵贱殊等。自成、康以下，其典稍乖。至于战国，渐至颓陵，法度衰毁，上下僭杂……"《周礼》中，就对殡葬的等级及对应的礼仪做了详细的规定。春秋战国之后，"秩爵异级，贵贱殊等"的等级制度已深入整个社会的殡葬礼仪中。

儒家在殡葬礼制方面特别强调等级制度是有目的的。等级制度有利于维持尊卑贵贱的不同地位，稳定社会统治。如荀子，战国末期赵国人，儒家代表人物之一。他在强调厚葬的同时还推崇"礼"的等级作用。他在《荀子·王霸篇》中提出君臣士庶"丧祭械用，皆有等宜"，甚至在《荀子·礼论篇》中肯定了等级制度的合理性。他说："君子贱野而羞瘠，故天子棺椁七重，诸侯五重，大夫三重，士再重。然后皆有衣衾多少厚薄之数，皆有翣菨文章之等，以敬饰之。"他想通过限制殡葬礼仪的等级来约束社会风尚，区分循礼和非礼，在潜移默化中教化民众，以维护统治阶级的利益，进一步加强王权。

3.3 春秋战国时期的丧服制度

丧服，指丧葬活动中的服装、饰物，主要包括丧服、铭旌，以及逝者所用的装殓服饰等。丧服产生于原始社会，源于原始人对逝者鬼魂的恐惧。原始人惧怕死亡、鬼魂，他们以自己的方式想出了许多与逝者"断绝关系"（即"关闭通道"）的方式，丧服即其中之一。丧服中还有巫术的含义，即原始人在丧期穿戴着反常的服装用来壮胆、恐吓鬼神，就像巫师驱鬼、捉鬼时通常要用红、绿、蓝等颜色涂抹脸和身体，而道家则在胸或背上画一个阴阳太极图等，无非是按人的理解方式去震慑鬼神。原始的丧服也顺着这一思路而产生。

原始丧服还可以表达原始人某种悲痛的感情，并营造一种神秘的气氛。用某类颜色、款式的服装最能表达、抒发他们悲痛的感情，并在心底形成神秘感。这种丧服，一代一代地递相沿袭，便形成了丧服定制。例如，丧服使用的最普遍的颜色是白色和黑色，并且在款式上是反常的，多将头连同整个身体严严实实地包住。

春秋战国时期的殡葬服饰制度沿袭周朝，有以下一些基本特征。

第一，尊重逝者。如丧服使用质地粗糙的未经漂染的白麻布，就表示生者值此不幸之际，愿意放弃世俗的享乐而以清苦的生活来面对逝者的灵魂。

第二，明亲疏、显贵贱、别等级。如五服、铭旌。五服既反映了生者和逝者的关系，也反映了生者之间的关系，人们以此相认同、相凝聚。铭旌重在表现逝者生前的社会地位。如前所述，亲疏、贵贱、等级的原则贯穿于整个春秋战国时期的丧葬活动中，在丧服中表现得尤为明显。

中国古代丧事用白，《战国策·魏策四·唐雎不辱使命》："血流五步，天下缟素。"缟、素均为白色生绢，转意指白色。《史记·刺客列传》中荆轲受燕太子丹之命将西去咸阳刺杀秦王，"太子及宾客知其事者，皆白衣冠以送之"，即预先替他办丧事之意。《礼记·曲礼》："为人子者，父母存，冠衣不纯素。"即父母在，冠、衣上不能镶白色的边。中国传统殡葬服饰用白色，但铭旌用绛色。古代帝王和军队常用之，如"绛引幡"（帝王仪仗队中的紫红色引路旗）、绛衣（武官服）、绛衣大冠（武官帽）等。此外，棺材通常被漆成黑色并以大红色修饰边缘和两头，再写个"福"或"寿"字，民间称"寿器"或"千年屋"。棺材用紫红色和大红色可视为山顶洞人在逝者全身及周围撒赤色铁矿石粉末用意之延续。就是说，生者是在办丧事，但对逝者却成了吉事，所谓"寿终正寝"，以吉庆的方式处理，此即民间称丧事为"白喜事"之文化根源。春秋战国时期战事频繁，丧事若遇战事，在颜色上可以"变服"处理。

丧服制度形成的标志，是集中记载丧服形式及五等亲制的殡葬专著的出现。在儒家经典《仪礼》《礼记》《周礼》这"三礼"中，《仪礼》和《礼记》两书对丧服制度均有详尽的记载和阐述。

3.4 春秋战国时期的居丧守制

父或母、尊长亡故及下葬后,丧事及丧礼并未完结,延伸下来的是居丧三年(实为 27 个月),或曰服丧、居孝、服孝等。居丧又被称为"丁忧"。丁,当也,遭遇也;忧,思也,即正值怀念先父、母养育恩情之意。为父服丧为"丁外艰",为母服丧为"丁内艰"(中国人历来对母亲的"孝"的感情重于对父亲),故"丁忧"又被称为"丁艰"。为教师服丧,称为"心丧"。后世将居丧法制化,故又称"守制",有时则将两词连用。居丧守制在中国传统的丧礼中占有极其重要的地位。

3.4.1 居丧守制的起源

居丧在我国起源很早。孔子曰:"夫三年之丧,天下之通丧也。"(《论语·阳货》)《孟子》也说"三年之丧"是夏商周三代之礼,舜崩事,百姓如丧考妣,服丧三年。这反映了夏商周三代"君亲合一"的社会体制。

文献中最早的居丧记载是商王帝太甲居桐宫服丧三年,"王徂桐宫居忧"。孔颖达疏:"既不知朝政之事,惟行居丧之礼。居忧位,谓服治丧礼也。"太甲是商汤的长孙,登位三年仍"不明,暴虐,不遵汤法,乱德",被阿衡(相当于丞相)伊尹放逐到桐宫三年,朝政由伊尹主持。桐宫为商汤葬地,太甲在那里为祖父居丧兼思过,后改悔,被伊尹接回,还政于太甲。(见《史记·殷本纪》《孟子》《尚书》等)专家认为,至少在西周后期时居丧礼就已基本形成了。西周是三代中礼制最完备的时期,其中对居丧礼都有详细的规定,见于"三礼"之书。"三礼"是研究居丧礼最原始的资料。

春秋战国时期"礼崩乐坏",社会处于大动荡中,居丧礼也受到冲击。孔子及其弟子、再传弟子组成的儒家学派极力恢复和倡导三年之丧,理由是"子生三年,然后免于父母之怀。夫三年之丧,天下之达丧也"。其理论根据是"孝"。他们以居丧礼作为推行孝文化的基本环节,塑造优秀的人格,并以此作为建立社会秩序、治理天下的出发点。因而,"三礼"之书及先秦儒家经典中充斥着此方面的讨论,并为两千余年中国封建社会推行"以孝治天下"提供了理论依据。

儒家以身作则,率先执行"三年之丧"制度。孔子死,"葬鲁城北泗(水)上,弟子皆服三年"。这是执父丧礼。"三年心丧毕,相诀而去,则哭,各复尽哀，或复留。"还有人继续留下来。子贡系商人，孔子临终时，子贡在外，故在墓侧又守三年以赎愆。孔子弟子及鲁人从冢旁定居者有百多家，形成居民区，称"孔里"。(《史记·孔子世家》) 著名军事家吴起在家乡时为乡党所笑，他怒而杀之，逃亡，发誓"不为卿相，不复入卫"。他在曾参之子曾申门下求学，后逢母丧，不归，曾申鄙其为人，与之绝交。(参见《史记·孙子吴起列传》) 后世以此将吴起作为"不孝"的典型。"不孝"在儒家那里是一项很严重的罪行，儒家以"孝"作为塑造完美人格的起点，不孝必然不忠，所谓"忠臣出于孝子之门"。

居丧与中国古代的农业经济性质、宗法制、社会对抑制人欲膨胀的需求相关联。由于中国古代很早就以黄河中下游为中心形成了一个辽阔而统一的农业区域，古人借助宗法制及孝文化有效地实施了对一个庞大的农业帝国的统治。而以"对先人报恩"的居丧就是宗法制、孝文化的直接体现，并成为实施社会治理的一个重要的杠杆。同时，居丧三年使一部分人在相当的时间内大体脱离了社会生活，这又会减少社会活动的参与者，在一定程度上避免了社会的能量过剩。

3.4.2 居丧守制的行为规范

从《礼记》《仪礼》等资料可以看到，先秦儒家对居丧期间的行为规范有明文规定，具体如下。

《礼记·曲礼下》："居丧未葬，读丧礼；既葬，读祭礼；丧复常，读乐章。居丧不言乐。"未葬，居"服舍"，即从居室中搬出来，住在专为丧事而筑的小茅舍内。既葬，在墓侧搭棚子居住（"结庐而居"），亦谓"居冢次"，即居于坟墓之侧。

不食肉饮酒，只有病重时才稍吃肉饮酒。"居丧之礼，头有创（伤）则沐，身有疡（痒）则浴，有疾则饮酒食肉，疾止复初。不胜丧，乃比于不慈不孝。"因身体病倒而不能服丧就等于不慈不孝，即示先人之"不慈"，己之"不孝"。这里以"慈""孝"的名义给服丧有困难的人留下一个休养生息的缺口。不过，人在50岁时服丧可以不必太哀伤，60岁时可以不哀伤，70岁时虽服斩衰但可以照常饮酒食肉。这是对老者服丧的特殊规定。

专心尽哀，不得宴乐，"居丧不言乐"。"丧不贰事"，"父母之丧不避涕泣而见人"，见人"非丧事不言"。

要有悲容。《左传·襄公三十一年》："居丧而不哀，在戚而有嘉容，是谓不度。"

不嫁娶，不近妇人，禁夫妻生活，"终丧不御于内"。

居丧不远行，不出外做官，已做官者须辞官回家。不访友，不应召，"有服，人召之食，不往"。《礼记·丧大记》郑玄注曰："父母始死悲哀，非所尊不出也。出者，或至庭，或至门。"

周礼中二十五个月为"正丧"，可除丧服，饮酱醋一类的调料，即"三年之丧，二十五月而毕"。隔一月行禫祭，全部恢复正常生活，虚计三个年头。

居丧守制对后世各有损益，但基本精神未变，都是从禁止生者情欲享乐上提出限制性规范。

3.4.3 居丧守制的丧期规定

"三年之丧"是儒家推崇的丧期，孔子崇尚周礼，对"三年之丧"的主张推崇备至。如《礼记·三年问》中强调："三年之丧人道之至文者也。夫是之谓至隆，是百王之所同，古今之所壹也，未有知其所由来者也。"

周礼中的"三年之丧"大致分为两类：一是父母死后其子居丧守制三年；二是王侯崩薨，王储居丧守制三年，三年内不问政事，由宰相或首辅大臣代为摄政。

孔子在"礼崩乐坏"的春秋时期，致力于恢复社会秩序，推崇周礼，倡导"三年之丧"。孔子死后，弟子多为其守丧三年。孟子曰："三年之丧，齐疏之服，馆粥之食，自天子达于庶人，三代共之。"在孔孟等人的宣传下，"三年之丧"首先在儒家范围内推广开来，但是"三年之丧"在先秦时期并没有被普遍实行，仅局限于儒家和个别地区使用。

3.5 春秋战国时期的墓葬

3.5.1 墓地与墓葬形制

春秋战国时期，以王室与贵族为核心的公墓族葬制度依然占据主流。它是以血缘宗族关系为纽带的，但受到了新兴的封建制度的强烈冲击，处在动摇之中。

这一时期的族葬地比较多，但并不是所有的公墓或邦墓都严格实行族葬制。

国民的"邦墓"制度在一些地区还以族葬形式存在。战国晚期，国民的"邦墓"制度开始解体，贫富差异不明显的族葬制逐渐消亡，人们不再根据血缘关系聚族而葬，而是以财富多寡、身份地位的高低来选择墓地。

春秋战国的墓葬形制发生了重大的变化，其显著特点是封丘和墓上建筑的兴起。

春秋以前我国大都采取"墓而不坟"的埋葬形式。但至春秋时期，封积泥土、隆而为丘的坟墓埋葬形式流传开来，并为人们所认同和采用。对此，如《礼记·檀弓上》载，孔子在葬其父母以后说："吾闻之，古也墓而不坟；今丘也，东西南北之人也，不可以弗识也。""于是封之，崇四尺。"

春秋战国时代是一个礼崩乐坏的社会变革时代，传统墓而不坟的埋葬形式已不能适应时代发展的需要，统治者通过坟、丘、墓的"高大若山""树之若林"展示了逝者的身份和地位，成为社会等级的标志。到战国时期，中原地区的人们都普遍采用了这一墓葬形式。战国后期，由于墓葬普遍具有高起的堆土，故此人们将其通称为"坟墓""丘墓"或"冢墓"。"茔丘垄之大小、高卑、薄厚之度，贵贱之等级。"所以《礼记·月令》曰："饬丧纪，辨衣裳，审棺椁之薄厚，茔丘垄之大小、高卑、厚薄之度，贵贱之等级。"等级的具体规定，（清）皮锡瑞《王制笺》引《含文嘉》曰："天子坟高三仞，树以松；诸侯半之，树以柏；大夫八尺，树以栾；士四尺，树以槐；庶人无坟，树以杨柳。"

3.5.2 明器制度

春秋时期，社会动荡，周礼没落。当时社会的"礼崩乐坏"在明器制度上也得到了一定程度的反映。统治阶级的埋葬制度，除按西周中期以来的传统礼制外，各地普遍出现了僭越非礼的现象。尤其是到了春秋中期，这种僭礼逾制的现象更加严重。新兴的地主阶层冲破了士与庶人的界限，他们已不满足于原有的地位，力求通过这种体现社会地位和身份的用鼎制度，希望死后能够跻身于特权阶层之中。在这里，明器成了这些新兴的地主阶层僭越的工具。

俑是中国古代殡葬中用以随葬的偶人，属明器。《礼记·檀弓下》："孔子谓为刍灵者，善；谓为俑者，不仁。"《孟子·梁惠王上》："仲尼曰：'始作俑者，其无后乎？为其象人而用之也。'"俑作为随葬品大约起源于商周时期，它是人殉制度演变而来的产物。最早的俑是用茅草扎束成人形，故称"刍灵"。春秋战国时期，用俑殉葬开始流行起来。俑的出现是社会进步的产物，它取代的是奴隶制社会野蛮的人殉制度。

3.5.3　中国皇陵

陵，专指帝王墓地。《说文解字》曰："陵，大阜也。"《释名》曰："陵，崇也，体崇高也。"意指高大的土山。陵墓则是堆得像山一样高的坟。但在远古时期，帝王葬处并不称"陵"而称"墓"，商朝的建立者汤的葬地就名"桐宫汤墓"。春秋时期，有称墓地为"丘"的，如楚昭王墓名"昭丘"，吴王阖闾墓称"虎丘"；也有称"陵"的，如晋襄公墓名"襄陵"。

自坟出现后，有权势者为显示自己的地位，坟越堆越高，最终出现了所谓的"陵"。史载，中国最早的建陵者是战国中期的赵肃侯。《史记·赵世家》记载，赵肃侯十五年（公元前335年）"起寿陵"。寿陵，即帝王生前预筑的陵墓。称"寿"者，取其久远之意，如寿衣、寿器之类。此后，君主坟墓曰"陵"，建陵渐成定制。"秦惠文王以后始称陵而民不得称"（《七国考》），"陵"成为帝王坟墓的专用词。因此，战国时"山陵"又喻指帝王。《战国策·秦策五》中范雎对秦相魏冉说："王（指秦昭襄王）之春秋高，一日山陵崩，太子用事，君危于累卵，而不寿于朝生。"《战国策·赵策四》中触龙说赵太后："今媪尊长安君（赵太后爱子）之位，……而不及今令有功于国，一旦山陵崩，长安君何以自托于赵？"

秦始皇统一六国后，自称皇帝，建陵，故后世又称"皇陵"。秦汉以后，皇帝建陵成为定制。

中国历史上出现帝王陵的社会原因，主要有以下几点。

夏商周三代定鼎中原，依靠的基本力量是本族人。他们既是生产者（农民），对外又是作战的战士，他们分属于本族中不同的大家族管辖。此时，最高统治者的"王"，如夏王、商王或周王为本族人最大的宗子，天下"共主"，但天下并非他一人所有，也不是其家族所独有，而属于本族人共有。那些大家族的宗子（同时是本族的君主）分享并世袭在国家中的官职，拥有相当大的政治权力，所谓"世卿世禄"。商王盘庚欲迁都，上层贵族不愿意，盘庚说服他们，他说道："人惟求旧，器非求旧，惟新。……兹予大享于先王，尔祖其从与享之。"（《尚书·盘庚上》）用人要用旧人，用东西要用新的，从前我先王和诸位的祖辈曾同艰苦、共享乐，我世世代代都会记住你们的功劳；我现在要祭祀先王，你们的祖先也会一起受到祭祀。最后就是威胁人们，若不听从，将会受到惩罚。这里反映出世袭上层贵族在国家政治生活中是相当有地位的。

战国以后，旧的宗法势力逐渐瓦解，人口自由流动，各诸侯国君主推行变法，四处招徕将相，"世卿世禄"的局面被打破。如孙武曾为吴王阖闾之将，秦孝公从魏国招得商鞅主持变法，李斯曾为秦王嬴政的第一任丞相。这些人都是以真才实学取官职、谋富贵，旧贵族无可挽回地衰落了。诸侯们也开始称"王"，权力越来越大，并时常达到不受控制的程度。帝王要用陵墓来威慑天下之心，既可以用"宫殿（'阳宅'）之壮丽"威慑天下，当然也可以用"陵墓（'阴宅'）之壮观"威慑天下。

中国皇陵包括陵、地面建筑、地下宫殿和丰富的陪葬物，它们形成一个完整而庞大的系统。在中国历史上，皇陵是帝王之家的祖坟，它也集中体现了皇家宗法关系中的孝文化和祖先崇拜，也是推崇皇权的一种重要形式。

小　结

春秋战国时期，随着社会生产力的发展，社会制度不断变化，诸侯的权力分散，人们的思想认知也发生了较大变化，一些思想家和政治家对人的生死提出了自己的见解。在这种情况下，孔子主张精神丧葬观，墨子赞同薄葬观，荀子在强调厚葬的同时还推崇"礼"的等级作用等，这对后世产生了极其深远的影响。春秋战国时期，脱胎于周礼的传统儒家殡葬礼仪已经基本形成。这种儒家殡葬礼仪强调隆重、厚葬、等级等规定，墓葬制度、丧服制度和居丧守制等制度进一步完善。

思考与练习

1. 简述"百家争鸣"中各种殡葬思想的代表人物和主要丧葬观。
2. 简述孔子与孟子丧葬观的差异。
3. 简述"周礼"对传统儒家殡葬礼仪的影响。

模块4
秦汉时期的殡葬

> **学习目标**

通过秦汉时期殡葬知识的学习，了解秦汉时期出现的殡葬观、殡葬礼俗，掌握此阶段厚葬风气盛行的原因。了解秦汉时期中国古代的陵寝制度得到了确立，丧葬礼仪在以前的基础上更趋于系统和完整。

4.1 秦汉时期的殡葬观

4.1.1 秦汉时期的厚葬思想

秦汉时期，阴阳五行学、谶纬迷信、神仙方术等盛行。秦人坚信人死后灵魂不灭，能招致祸福于子孙，因此对逝者的灵魂总是怀着敬畏恭顺的心情，通过举行小型的祭祀仪式来告慰逝去的亲人，避免殃祸。秦始皇以好神仙方术著称，在他的倡导之下，"燕、齐之士，释锄耒，争言神仙，方士于是趣咸阳者以千数"❶。汉朝历代统治者都倾心于鬼神之事。汉高祖刘邦"甚重祠而敬祭"❷，汉文帝重用"言乞神事"的赵人新垣平修建渭阳五帝庙❸，并向贾谊"问鬼神之本"于宣室❹。汉武帝时，国力鼎盛，鬼神之事尤被敬重，"海上燕齐之间，莫不扼腕而自言有禁方，能神仙矣"，"上疏言神怪奇方者以万数"❺。汉宣帝用刘向言化沙炼丹；汉哀帝"博征方术士"；到王莽时，又"兴神仙事"，延至东汉，

---

❶ 桓宽：《盐铁论》，《散不足》，上海书店，1986。
❷ 司马迁：《史记》卷28，《封禅书》，中华书局，1959。
❸ 司马迁：《史记》卷28，《封禅书》，中华书局，1959。
❹ 司马迁：《史记》卷28，《封禅书》，中华书局，1959。
❺ 司马迁：《史记》卷84，《屈原贾生列传》，中华书局，1959。

道术盛行。帝王如此，民间自然也是巫风盛行，史谓当时"街巷有巫，吕里有祝"❶。由于汉人普遍持有"人死辄为神鬼而有知"（《论衡·薄葬篇》）的灵魂不灭的观念，于是"生不极养，死乃崇丧"（《潜夫论·卷三》）的厚葬思想在社会上流行。这种厚葬现象在考古资料中得到了充分的反映。在墓室的形制和结构上极力模仿现实生活中的地面住宅；随葬品方面也尽量做到应有尽有，几乎包括了生者所用的所有物品和器具。汉代盛行的墓祭、告地状、买地券等丧俗，也反映了灵魂不灭观念的盛行。流行于东汉中后期的"镇墓神瓶"也是这样的典型器物。

秦汉时期是中国经济大发展、大繁荣的时代，社会中充满了厚葬风气。秦汉社会有两个比较突出的现象，为厚葬之风起到了推波助澜的作用。一是预作寿陵。《后汉书·光武帝纪下》记载："初作寿陵。将作大匠窦融上言，园陵广袤，无虑所用。"二是大作丘垄。战国时代人们已用"山陵"比作最高统治者，把最高统治者的去世隐讳地称为"山陵崩"。秦代又把皇帝的坟墓称为"山"，后代把帝王坟墓又都统称为"山陵"。汉代墓上均有坟丘，帝王、贵族、官僚墓上的坟丘都十分高大。西汉 11 个帝陵，除汉文帝的"霸陵"因山而起，不做坟外，其余 10 个陵地面上都筑有覆斗形夯土坟丘。坟丘的高低、大小与墓主的身份、地位有关。

4.1.2 秦汉时期的孝道观念

秦汉时期，封建统治者想通过"孝"来作为维系宗法血缘的纽带，从而达到"以孝治天下"的政治目的，为巩固"家天下"的统治服务。汉朝统治者极力提倡重伦理，儒家传统的孝道观念趋于政治化，这主要反映在成书于这一时期的《孝经》中。它是西汉时期儒家孝道思想的集中反映。

今文本《孝经》共有 18 章，其内容大致可归纳为以下五个方面："天子""诸侯""卿大夫""士""庶人"这五章是孝行的方式；"三才""孝治""圣治"三章则旨在肯定孝是政治行为的根源；"纪孝行""谏诤""事君""丧亲"四章则直接讨论到孝行本身；"广要道""广至德""广扬名"与"感应"四章的重点在于讨论孝行的功效，证明一切政治行为都是孝德的推广；"五刑"章则从反面告诫

---

❶ 桓宽：《盐铁论》，《散不足》，上海书店，1986。

人们不要犯不孝之罪。❶ 从以上内容可以看出，《孝经》中孝道观念的政治化和制度化是很明显的。

在统治者的极力倡导之下，儒家的孝道观念深入人心，对当时的丧葬习俗产生了极其深远且巨大的影响，成为秦汉时期厚葬风气的思想基础。

4.1.3 秦汉社会的薄葬观念

秦汉时期是中国封建社会厚葬最为盛行的时期。但在厚葬风气盛行的同时，薄葬的主张也存在于官方或者民间之中。官方主要表现在皇帝发布的诏书上，汉光武帝对厚葬专门下诏批评。建武七年（公元 31 年）《光武帝纪下》诏中记载："世以厚葬为德，薄终为鄙，至于富者奢僭，贫者单财，法令不能禁，礼义不能止，仓卒乃知其咎。其布告天下，令知忠臣、孝子、慈兄、悌弟薄葬送终之义。"❷ 汉代的官员和士人，也不断反对厚葬。

杨王孙，汉武帝时人，为西汉前期的无神论者，学黄老之术，具有道家的自然观，提倡裸葬。《汉书·杨王孙传》云杨王孙："学黄老之术，家业千金，厚其奉养生，亡所不致。及病且终，先令其子，曰：'吾欲裸葬，以反吾真，必亡易吾意。死则为布囊盛尸，入地七尺，既下，从足引脱其囊，以身亲土。'"杨王孙的这种裸葬主张明显受到先秦道家薄葬思想的影响，具有"返璞归真"的意义。他认为人之生死是生命自然的变化，而人的生命现象是由肉体和精神两方面结合而成的，人死后形神分离，各自回归到自然界中，不可能有离开人体而独立存在的精神。

王充，东汉前期著名的唯物主义思想家，主张薄葬。他用三十年写成了《论衡》一书，详细地驳斥了作为当时统治思想的谶纬神学的荒谬。王充批判地吸收了儒、道及其他各家的思想，系统地论述了以元气自然论为核心的哲学思想。王充认为，宇宙间的一切都是由气组成的，气的聚散分合构成了自然万物的生、死、存、灭。王充认为，人的生死是一个客观的自然过程，每个人都有一个由生长、衰老到死亡的过程，认为人终有一死，死亡是不可抗的自然规律。他驳斥了当时得道成仙、长生不死和人死变鬼的思潮。

---

❶ 何晏等：《孝经注疏》,《孝经·开宗明义章》, 上海古籍出版社, 1990。
❷ 范晔：《后汉书》卷 1 下,《光武帝纪下》, 中华书局, 1989。

刘向，字子政，沛地（今江苏沛县）人，西汉后期主张薄葬的杰出代表。他在奏议中列举了秦惠文、武、昭、严、襄五王因厚葬而陵墓"咸尽发掘暴露"的历史事实，阐明"葬愈厚，丘陇弥高，宫庙甚丽，发掘必速"的道理。最后，刘向企图通过丧葬奢俭的得失，劝导汉成帝效法圣帝明王、贤君智士的薄葬行为。刘向在奏议中说："《易》曰：'古之葬者，厚衣之以薪，臧之中野，不封不树。后世圣人易之以棺椁。'棺椁之作，自黄帝始。黄帝葬于桥山，尧葬济阴，丘垅皆小，葬具甚微。舜葬苍梧，二妃不从。禹葬会稽，不改其列。殷汤无葬处。文、武、周公葬于毕，秦穆公葬于雍橐泉宫祈年馆下，樗里子葬于武库，皆无丘陇之处。此圣帝明王、贤君智士远览独虑无穷之计也，其贤臣孝子亦承命顺意而薄葬之。"

赵咨是灵帝时博士，累迁敦煌太守、东海相，以薄葬著于世。赵咨认为："夫含气之伦，有生必终，盖天地之常期，自然之至数。是以通人达士，鉴兹性命以存亡为晦明，死生为朝夕，故其生也不为娱，亡也不知戚。夫亡者，元气去体，贞魂游散，反素复始，归于无端。既已消仆，还合粪土。土为弃物，岂有性情，而欲制其厚薄，调其燥湿邪？但以生者之情，不忍见形之毁，乃有掩骼埋窆之制。"❶

除上述五人外，秦汉时期力主薄葬者还有许多，如西汉的张临、朱云、龚胜，东汉的祭遵、王堂、羊续、樊宏、梁商等，都堪称代表人物。他们主张薄葬的言行对于厚葬成风的秦汉社会来说，无疑在一定程度上起到了扭转世风的作用。

4.2 秦汉时期的殡葬礼俗

秦汉时期，无论是上层统治阶级，还是普通民众，从对逝者的装殓、埋葬到修建坟墓、祭祀等，形成了一整套"事死如事生"的隆重而复杂的礼俗。这与人们的生活有着密切的联系。

4.2.1 丧葬礼仪

秦汉时期的丧葬礼仪大体上继承了春秋战国时期的丧葬礼仪制度，在此基础

---

❶ 范晔：《后汉书》卷39，《赵咨传》，中华书局，2000。

上更趋于系统、完整和隆重。

4.2.1.1 丧葬程序

《仪礼》和《礼记》中记载了具体的丧葬程序。丧葬程序大致可以分为三个阶段：一是葬前之礼，包括招魂、沐浴、饭含、大小殓等几项内容；二是葬礼阶段，包括告别祭典、送葬、下棺三个环节；三是葬后服丧之礼，包括丧期、居丧之礼等。具体列举如下。

(1) 招魂

招魂仪式参照了先秦仪制。《檀弓下》中曰："复，尽爱之道也，有祷祠之心焉，望反诸幽，求诸鬼神之道也。北面，求诸幽之义也。"❶ 行使"复"礼，是亲人对逝者表达爱慕不舍的方式。"复者一人，以爵弁服，簪裳于衣，左何之，扱领于带。升自前东荣，中屋，北面，招以衣，曰：'皋某复。'三，降衣于前。受用箧，升自阼阶，以衣尸。复者降自后，西荣。"行"复"礼的人必须是逝者亲近的人，而且复者要身穿朝服，表示对"复"礼的敬慎。

(2) 沐浴

在汉代丧礼中盛行沐浴之礼。沐浴时以新瓶取水，新盆盛水，希望人能如出生时一样洁净如一。《汉书·原涉传》记载："人尝置酒请涉，涉入里门，客有道涉所知母病，避疾在里宅者。涉即往候。叩门，家哭，涉因入吊，问以丧事。家无所有，涉曰：'但絜扫除沐浴，待涉。'"❷

(3) 饭含

饭含礼用稻不用饭，原因在于稻为天然植物，没有经过人为加工。仪礼贵在取意，人们在为逝者尽饱食之爱后，又担心逝者死后有钱财的困窘，因此为之含币。在没有钱币之前，以贝为通行货币，故含贝。饭含贝的数量因逝者社会等级的不同而不同。《杂记下》："天子饭九贝，诸侯七，大夫五，士三。"❸

(4) 小殓、大殓

同先秦一样，殓分为大殓、小殓。秦汉之间的区别在于其行礼的地点和时间不同。小殓在死后次日清晨在户内举行，而大殓则在小殓举行之后的第二天在室外东阶上进行。在小殓仪式开始之前，要预先在室内将逝者所用衣服陈设好，不

---

❶ 孙希旦：《礼记集解》卷10，《檀弓下》，中华书局，1989。
❷ 班固：《汉书》卷92，《原涉传》，中华书局，1983。
❸ 孙希旦：《礼记集解》卷42，《杂记下》，中华书局，1989。

管地位尊卑，衣服层数均有十九层。但是小殓时衣服的摆放位置和衣服的质地能显示出等级的差异。《礼记·丧大记》："君锦衾，大夫缟衾，士缁衾……君陈衣于序东，大夫、士陈衣于房中。"❶ 在此之后，还要在东堂之下设冥奠。小殓时，首先要"布席于户内，下莞上簟。商祝布绞、衾、散衣、祭服"。并且规定"祭服不倒"。其次"士举迁尸，反位。设床笫于两楹之间，衽如初，有枕"（《礼书纲目·卷二十三》）。在小殓完毕之后，才彻帷，行哭之礼。两汉时期，在整个丧葬典礼中小殓之礼也是重要的一环。小殓之后，就是大殓。小殓的目的是对遗体善加处理，而大殓的目的是使遗体妥善保存。此外，大殓所用的衣服数量不同，其代表的意义也不相同。经大殓后，将包扎妥当的遗体奉入棺内，以后不可再见了。

（5）停殡

逝者在小殓以后，遗体由内寝转移至堂中床席之上。第二天天明之后，在靠近西阶之处掘坑，将棺木放在坑上，然后主人将大殓后包扎妥当的遗体抬入棺中，盖上棺盖。自奉尸入棺后，直到出殡安葬前，棺柩一直停放在此，即谓之"殡"。停殡期间，早晚各有一次奠拜，至于停殡的时间则因每个人的社会地位不同而有别，如《王制》："天子七日而殡，七月而葬。诸侯五日而殡，五月而葬。大夫、士、庶人三日而殡，三月而葬。"❷ 殡期从三个月到七个月不等。在设施上，棺柩停放也各有差异，《檀弓上》中曰："天子之殡也，菆涂龙輴，以椁，加斧于椁上，毕涂屋，天子之礼也。"《丧大记》曰："君殡用輴，攒至于上，毕涂屋。大夫殡以帱，攒置于西序，涂不暨于棺。士殡见衽，涂上，帷之。"❸

（6）发丧、奔丧

先秦礼节，家中有丧由主人亲自登门，或遣人将消息当面告知，或向外发出程式化的报丧文书，告知逝者的亲朋好友以及上司下属。汉代在奔丧礼仪上比先秦更为看重，朝廷甚至以诏令的方式强制规定官员必行奔丧之礼。对少数不回家奔父母丧的官员，朝廷严惩不贷。东汉时，朝廷一方面要求低级官吏和百姓继续行三年之丧；另一方面又强制朝廷重臣大员坚守职位，不得私自奔丧，甚至父母之丧亦不可奔。但也有些官员根本不主动向朝廷请示，就直接弃官奔丧。这些现象反映出丧葬典礼在汉代社会中已经有了相当的认同感，宁可弃官，也要遵

---

❶ 孙希旦：《礼记集解》卷44，《丧大记》，中华书局，1989。
❷ 孙希旦：《礼记集解》卷9，《王制》，中华书局，1989。
❸ 孙希旦：《礼记集解》卷44，《丧大记》，中华书局，1989。

行奔丧礼仪，以显其德。

（7）启殡朝祖

停殡后，亲属要着手准备送葬用的各种明器，人器和祭器的适用范围只限于地位在大夫以上的人群，士和庶人只能用明器。在灵柩出发之前还要设祖奠。汉代天子丧礼设祖奠，祭法同迁祖奠，而且在祖奠后要读"谥策"，结束之后新帝要将谥策藏之于庙。太史则带哀策前往陵墓，之后再行哭踊之礼，哭十五声而止。

（8）发引送葬

即棺柩移至柩车。在棺柩上安置好"横三直二"的五根大木棍，用粗绳绑紧，并把绳尾留长，以便下葬时执绋使用。另外，再用大绳将棺柩固定在灵车上，也留下绳尾供人持执。

（9）下葬

送葬队伍到达墓穴之后，送葬礼仪结束，接下来就要举行下葬之礼。在下葬之时，要先陈明器于墓前。从其所列明器来看，不但包括各种生活用品，还有礼器、乐器、武器等物品，种类相当丰富。送葬人员在墓地上站立的方位在《后汉书·志第六·礼仪下》中也有记载："大鸿胪设九宾，随立陵南羡门道东，北面；诸侯、王公、特进道西，北面东上；中二千石、二千石、列侯直九宾东，北面西上。皇帝白布幕素里，夹羡道东，西向如礼。容车幄坐羡道西，南向，车当坐，南向，中黄门尚衣奉衣就幄坐。"也就是说东汉大丧时，站在羡门道西的是诸侯、王公、特进等人，以东边为上位；站在羡门道东的中二千石、二千石、列侯等人，以西边为上位；其余送葬人员分别站立在陵南羡门道的东西两侧，面朝北。

送葬人员站好各自的丧位后，接下来还有方相氏驱鬼等仪节。驱鬼完毕，接着就要下葬。灵车行至墓地，除去棺柩上的所有装饰后，移送至圹口，准备安葬。由于每个人所处的社会地位不同，因此棺椁的层数、厚薄与棺柩的装饰各有不同。因此，执引所需的人数也不同，下棺的方式也有别。但其中相同的是棺柩的两旁都系着很多的绳尾，以供所有亲朋好友执此，助棺柩入圹，这就是所谓的"执绋"。

在解开棺柩上的大木棍后，在统一的指挥下，先将两头的轳辘缓缓放松，接着执绋的人也慢慢松动绳绋，棺柩在大家的共同努力下平稳地放到墓底。

《后汉书·志第六·礼仪下》记载了汉代大丧礼下棺的具体礼仪："车少前，太祝进醴献如礼。司徒跪曰：'大驾请舍'，太史令自车南，北面读哀策，掌故在后,已哀哭。太常跪曰:'哭',大鸿胪传哭如仪。司徒跪曰:'请就下位',东园武士奉下车。司徒跪曰:'请就下房',都导东园武士奉车入房。司徒、太史令奉谥、哀策。"❶ 从上述记载可以看出,皇帝下棺的仪节如下:首先由太祝行醴献之礼,其次在墓地读谥策,随后行哭踊之礼,最后东园武士则负责将天子灵柩放入墓穴之中。

4.2.1.2 葬礼中的主要变化

(1) 玉衣

玉衣源于春秋战国时期逝者面部覆盖的"缀玉面罩"和身上穿用的"缀玉衣服",是汉代皇帝和高级贵族死时穿用的殓服。形制完整的玉衣外形和人体形状极为相似,玉衣由许多玉片组成,其目的是想使尸骨永远不朽。以金丝编缀的玉衣称"金缕玉衣",一般为天子所用。

1968年,在河北满城的西汉中山靖王刘胜和其妻窦绾墓中,第一次发现完整的金缕玉衣。刘胜的玉衣全长1.88米,脸盖上刻制出眼、鼻和嘴的形象,上衣的前片制出宽阔的胸部和鼓起的腹部,后片的下端做成人体臀部的形状,左、右袖筒和裤筒都是上粗下细,裤筒还制成人腿的形状,形象都颇为逼真,鞋做成方头平底高腰状。整套玉衣由2498块玉片组成,所有金丝共重约1100克。窦绾的玉衣比较瘦小,头部除在脸盖上刻制眼、鼻和嘴外,还在头罩两侧造出两个圆形的耳罩,上衣的前、后片没有按人体形状制作,而是做成衣服的样子。其所用玉片一般较大,玉片之间不是以金丝编缀,而是以织物、丝带粘贴编织而成,至于其他部分则与刘胜玉衣相同,都用金丝编缀。窦绾玉衣全长1.72米,由2160块玉片组成,所用金丝重约700克。

从刘胜玉衣个别玉片背面残存的编号数字推测,玉衣的制作可能使用了人体模型,先在模型上画出纵横的行格,然后逐格编号,制作玉片,根据人体各部位的不同形态设计出数以千计的不同形状和大小的玉片。除刘胜、窦绾墓外,山东临沂刘疵墓、河北邢台南曲炀侯刘迁墓都曾出土西汉时期使用金缕编缀的玉衣、玉面罩等。由此可以推测,王侯的玉衣也可以用金缕编缀。❷

银丝编缀的玉衣称"银缕玉衣"或"玉柙银缕"。据《文汇报》1996年8月24日讯,西汉时期的一件银缕玉衣,在徐州市九里区拾屯镇刘楼村南的火山顶

---

❶ 司马彪:《后汉书》志卷6,《礼仪下》,中华书局,2016。
❷ 中国社会科学院考古研究所:《新中国的考古发现和研究》,文物出版社,1984。

部的汉墓中出土,墓主刘和系西汉早期刘氏家族成员。另外,河北定州市东汉中山简王刘焉的玉衣是鎏金的铜缕,其等级可能与银缕的相当。

(2) 黄肠题凑

黄肠题凑是汉代丧葬礼仪中比较盛行的一种葬制。根据汉代礼制,黄肠题凑与玉衣、梓宫、便房、外藏椁同属帝王陵墓中的重要部分葬制。从文献和考古资料来看,黄肠题凑是一种在陵墓椁室四周用柏木枋垒成的框形结构。三国时魏人苏林在注释《汉书·霍光传》中"黄肠题凑"一词时说:"以柏木黄心致累棺外,故曰黄肠;木头皆内向,故曰题凑。"根据《后汉书·志第六·礼仪下》大丧条下刘昭注补引《汉书音义》曰:"题,头也。凑,以头向内,所以为固也。"由此可知,"黄肠"是指堆垒在棺椁外的柏木,"题凑"是指木头头部向内放的墓葬结构。

此葬制大约在春秋时期便已出现,如《礼记·丧大记》郑玄注:"天子之殡,居棺以龙輴,攒木题凑象椁。"当时的题凑为天子之葬,诸侯不得享用。战国时,礼乐之制各自僭越,厚葬之风也随之而起。

(3) 旌幡

旌幡又称旌铭或铭旌,为逝者出殡时灵柩前张举着的一种旗幡。在汉代丧葬礼仪中,出殡用旌幡的现象极为普遍。旌幡上面一般写有逝者姓名、官衔,有的绘有图画。逝者下葬时将其覆在棺材上,其长度约2米,正好与棺材的长度相当。

在湖南长沙马王堆一号墓出土的汉代旌幡是一件彩绘帛画,出土时画面朝下,覆盖在内棺的棺盖上。旌幡呈"T"字形,下边的四角系有飘带,全长2.05米,上宽0.92米,下宽0.477米。它的顶端边沿包有一根竹棍,竹棍的两端系有丝带,可以悬挂。此外,出土时在旌幡的顶端附近,还置有一个系罗带的玳瑁璧,可能与之有密切的联系。旌幡的绢地呈棕色,用朱砂、石青、石绿等矿物颜料绘成神话传说和人物等图像。由于帛制的旌幡上有着细致、精美的图案,所以人们称为"画幡"或"帛画"。帛画的内容分为三个部分,上部代表天上,中部代表人间,下部代表地下。天上境界画有日、月、星斗、扶桑树和蛇身神人像等。上部最下面的门状物与汉阙一致,可能代表天门。阙上所伏的两豹,凶猛狰狞,是守卫天门的动物。阙内对坐的两人可能是楚俗中掌握人间生死的大司命和少司命,与所谓接纳逝者灵魂升天的迷信有关。而画中所绘的天门大开的情景,则被汉人视为最大的祥瑞,是逝者希求的最大幸福。至于画中一女子在弯月下腾空飞翔，可能是墓主人幻想死后羽化登仙、飞升天国的范例。帛画中间的人世图，主要表现墓主人出行及家中生活的情景。帛画的下部画出地下世界，正中一力士手托代表大地的白色扁平物，周围画有灵龟、鸱鹗等神物。其中的蛇、鱼，可能与古人所言的"人死复生"有关。这"水府"大概与"黄泉""九泉"的观念有关。这幅作为旌幡的帛画，具有色彩绚丽、线条流畅、构图严密对称等特点，表现了高度的艺术水平，为我国美术史上的罕见杰作。

（4）服丧制度的推行

丧礼的结束并不意味着丧葬典礼的终止，逝者亲故在葬礼结束后还要继续为其服丧。先秦时期对服丧制度有了比较明确的界定。秦始皇统一六国后，以法令的形式实行居丧制度。秦律规定臣与百姓一律为天子服丧三年，并不准饮酒食肉、嫁女娶妇。西汉以后，则更为明确。汉代的居丧制度出现了礼、法统一的趋向。汉武帝时期，居丧制度作为强制性的道德规范首先在上层社会中开始推行，违制者要受到严厉的处罚。两汉时期的居丧制度已有向法律化转移的趋势，儒家的三年之丧制度也开始逐渐推行。

4.2.2 丧葬习俗

4.2.2.1 厚葬习俗

由于秦汉时期人们祖先崇拜和鬼魂崇拜观念的根深蒂固，厚葬便成为这一时期丧葬习俗中最显著的特色。秦始皇陵是众所周知的典范。据文献记载，秦始皇陵高 50 丈（约 115 米），面积达方圆 5 里（秦时一里为 414 米）之大。为修建这一规模巨大的陵园，秦始皇征集了 70 多万民工，前后修建了 30 余年。《秦始皇本纪》中曰："穿三泉，下铜而致椁，宫观百官奇器珍怪徙臧满之。令匠作机弩矢，有所穿近者辄射之。以水银为百川江河大海，机相灌输，上具天文，下具地理。以人鱼膏为烛，度不灭者久之。"❶ 仅从现已发掘的秦始皇陵东侧的兵马俑坑，就可证明上述的记载并非夸大之言。

20 世纪 70 年代试掘的一号兵马俑坑内已出土陶俑、陶马约 2000 件，木质战车 20 乘，各种青铜兵器 400 件。估计此俑坑内埋藏的陶俑、陶马约 60 件，战车 40 余乘。二号俑坑根据试掘情况估计有战车 8 乘，陶马 356 匹，陶制鞍马 16

---

❶ 司马迁：《史记》，《秦始皇本纪》，中华书局，1959。

匹，各类武士俑 900 余件。三号俑坑有驱马战车 1 乘，陶马 4 匹，各类武士俑 68 件。三个兵马俑坑面积总计约 20780 平方米，有陶俑、陶马 7000 余件，战车 100 余乘。❶ 陶俑身高均在 1.8 米左右，陶俑、陶马的造像也十分逼真生动、气势宏伟。

汉代帝王的厚葬现象也十分突出，据《长安志》引《关中记》云：西汉陵墓一般高汉尺 12 丈，方 120 步，其中规模最大的茂陵则高 14 丈，方 140 步。1962 年，考古工作者实测，茂陵高 46.5 米，顶部东西长 395 米，南北宽 355 米，陵底边长 240 米；陵园垣墙长 430 米，南北宽 414.87 米，墙基宽 5.8 米。❷ 远望如同一座削去尖顶的金字塔，显得非常宏伟高大。茂陵不仅以规模宏大、建筑豪华而令人瞠目结舌，并且陵墓随葬珍宝之多也使后世之人为之惊叹不已。相传汉武帝所穿的金缕玉衣、外国赠送的玉杖，以及汉武帝生前阅读的杂经 30 余卷，都盛入金箱一并埋葬。

4.2.2.2 挽歌的产生

挽歌是为逝者送葬所用的歌曲。在汉武帝成立乐府以前，民间丧葬仪式中已有送葬的挽歌。东汉时，挽歌被列入丧制。《后汉书·志第五·礼仪下》："中黄门、虎贲各二十人执绋。司空择土造穿。太史卜日。……候司马丞为行首，皆衔枚。羽林孤儿，《巴俞》擢歌者六十人，为六列。铎司马八人，执铎先。"当时，上至帝王将相，下迄平民百姓，送葬时均普遍使用挽歌。

4.2.2.3 随葬品的"生活化"

秦汉时期，随着社会经济的发展与儒家文化的繁荣，在随葬品方面既有明器，也出现了"生活化"倾向，涵盖了秦汉社会生活中的农业、手工业和日常生活领域的方方面面。

农具随葬品在秦汉墓葬中出现。在秦汉墓葬中，发现了不少木耒或铁耒、耒、长辕犁等，蔬菜及果类也出现在墓葬里。蔬菜出现在墓葬中，如长沙马王堆一号墓中曾出葵籽，江苏、江西汉墓曾出菠菜籽，马王堆和邗江出土过芥菜籽，广西贵县出土过黄瓜籽。此外，在长沙马王堆汉墓中还出土了花椒、姜和桂皮。合浦汉墓群二号汉墓中的一口铜锅，盛满了稻谷和荔枝。广州西村增埗 2060 号

---

❶ 陕西省考古研究所：秦始皇陵兵马俑坑一号坑发掘报告（上、下），《文物》，1975 年第 11 期、1978 年第 5 期、1979 年第 12 期。

❷ 陕西省文物管理委员会：陕西兴平县茂陵勘查，《考古》，1964 年第 2 期。

西汉墓和广西贵县罗泊湾西汉墓中曾出土橄榄。

秦汉时期的丝织品统称为"帛"或"缯",其中洁白的平纹丝织物被称为"素"。马王堆一号西汉墓出土的"素",疏密程度大不相同,纬丝也都稀于经丝。由于养蚕和缫丝技术的改进,这一时期已能生产出质地优良的蚕丝。秦汉贵族墓中有以铜蚕或金蚕随葬的记载,如《三辅故事》中记载秦始皇陵中有"金蚕三十箔"。当时所植桑树主要有荆桑(植株较高大)和鲁桑(植株较低矮)。四川德阳黄许镇出土的东汉"桑圃"画像砖,表现的是整齐成排的鲁桑幼株。浙江余姚河姆渡遗址中曾出土苎麻绳。汉锦代表着秦汉时期丝织品的最高水平,它是用染成各种颜色的丝线织成的。汉锦中最特殊的品种为绒圈锦,在马王堆一号和三号西汉墓、满城西汉墓、武威磨嘴子六十二号汉墓,以及诺彦乌拉十四号匈奴墓中均有出土。它的经线以四根为一副,包括一根底经、两根地经和一根较粗的起绒经。它是用经线显花的不完全的经三重组织。在织出的幅面上,高绒圈、低绒团和经浮线构成疏朗错落、层次分明的花纹,立体效果很强。在随葬品"生活化"趋势下,墓主人自然把很多纺织品带入地下。

交通工具也在墓室中出现。西汉中期以前,河北满城一号墓、曲阜九龙山二号墓、北京丰台大葆台一号墓均曾出土过"驾四"的车马。长沙马王堆三号墓出土的帛画《仪仗图》中,画的也是四排驾四马的独辀车。河南荥阳苌村东汉墓壁画中描绘墓主人当陵令时,所乘的车左幡为红色、右幡为黑色。

4.2.2.4 守冢和墓祭习俗的兴盛

守冢在汉代已成习俗。西汉建立之初,汉高祖刘邦下令派20家人为始皇帝守冢,并各遣10家为楚王陈胜、魏安釐王、齐愍王守冢。至于汉代诸帝陵,则不仅迁徙山东豪强地主于陵旁,设置陵邑,而且还设置了"陵令""寝庙令""饲官""园长""门吏"等负责陵园管理,岁时祭祀。如汉武帝的茂陵就有5000多人侍奉。他死后还将数千名年轻貌美的女子置于陵中,让她们侍奉他的"灵魂"起居,晨供梳洗之具,日供四食,夕供寝具,如同生时。

墓祭在汉代也很盛行。在墓前建立祠堂,作为奠祭逝者的场所。据文献记载,汉司隶校尉鲁峻冢,冢前有石祠、石庙。汉荆州刺史李刚墓"有石阙、祠堂、石室三间,椽架高丈余,镂石作椽瓦屋,施平天造,方井侧荷梁柱,四壁隐起,雕刻为君臣、官属、龟龙麟凤之文,飞禽、走兽之像,作制工丽,不甚伤毁"。又如《后汉书·桓典传》记载,东汉沛相王吉以罪被诛,桓典为其"负土成坟,为立祠堂"。

陵墓既为逝者灵魂居住之所，就需要竖立"门牌"，这样能给墓祭带来便利。从西汉末年开始，有人把石制的碑立在墓前，既不埋于墓中，也不在下葬后撤除，且在石碑上刻下墓主的官爵姓名，就成了墓碑。早期的墓碑上部顶端或作方尖形，称"圭首"；或作圆弧形，刻上云气图案，称"晕首"。为便于墓祭，从西汉中期开始，在墓前建立祠堂。东汉时墓前立碑蔚然成风，许多墓碑除刻有墓主官爵姓名外，还刻上介绍墓主家世生平事迹并加以颂扬的长篇文字，碑阴则详列立碑人的姓名。此当为后世民间建墓立碑风俗之滥觞。

小 结

通过秦汉时期殡葬知识的学习，掌握此阶段厚葬产生的原因，即秦汉时期传统的灵魂不灭观念的发展，这体现在阴阳五行学、谶纬迷信、神仙方术等的盛行上。这些都成为当时厚葬风气盛行的土壤和基础。与此同时，儒家传统的孝道观念趋于政治化，薄葬思想的提出等对秦汉时期的丧葬观产生了极其重大的影响。同时，了解这一时期丧葬礼仪的程序，以及丧葬礼仪出现的主要变化，即玉衣、黄肠题凑、旌幡、服丧制度的推行。了解这一时期的丧俗表现：厚葬的产生、挽歌的流行、随葬品趋于"生活化"、守冢和墓祭习俗的兴盛等。明确此阶段的丧葬礼仪在以前的基础上更趋于系统化、完整化和隆重化。

思考与练习

1. 简述秦汉时期的殡葬观念。
2. 简述秦汉时期出现厚葬的原因。
3. 简述秦汉时期丧葬礼仪的主要变化。
4. 简述黄肠题凑的内容。
5. 简述秦汉时期的丧俗。

模块5
魏晋南北朝时期的殡葬

学习目标

通过本模块学习,了解魏晋南北朝时期的殡葬观念及殡葬习俗,掌握魏晋南北朝时期薄葬出现的原因及意义,思考这一时期殡葬文化的传承及创新问题。

5.1 魏晋南北朝时期的殡葬观念

魏晋南北朝近四百年的历史,出现了朝代更迭频繁、少数民族政权迭出的局面。这一时期,民族交错融合加快,文化呈现多元互动。社会的动荡、政权的快速更替和少数民族统治者入主中原所带来的巨大文化冲击和心理影响在不断地改变魏晋南北朝时期的丧葬文化,并形成各自的时代特征,如人死后有归煞(杀)之俗。颜之推的《颜氏家训·风操篇》云:"偏傍之书,死有归杀。子孙逃窜,莫肯在家;画瓦书符,作诸厌胜;丧出之日,门前燃火,户外列灰,被送家鬼,章断注连。凡如此比,不近有情,乃儒雅之罪人,弹议所当加也。"[1] 说明在归煞之日,人们不仅非常重视,而且有种种习俗加以应对。如出家回避;请道士画瓦书符以避煞和厌胜;出殡的那一天在门前燃起火堆;在门口挂上竹子做的章断注连隔出区域,以此祓除并送走家鬼。由于特殊的原因和上层统治者的提倡,厚葬在魏晋南北朝时期有所减少,但并未禁绝,依然用厚葬表达孝的观念。

5.1.1 孝道观念与殡葬

孝是人伦之大义,在中国千百年来被奉为圭臬。魏晋南北朝时期虽然朝代更

---

[1] 颜之推:《颜氏家训集解》,上海古籍出版社,1980。

替频繁，但历朝统治者都宣称以孝治天下。统治者认为用孝道来治理国家，则可以感动天地而降下福瑞的征兆；如果家庭中行孝道，则可以感动鬼神而使子孙得到保佑。由此，出现了一些关于"孝道"的事迹。

王裒居丧，"痛父非命"，"庐于墓侧，旦夕常至墓所拜跪，攀柏悲号，涕泪著树，树为之枯"；而因为母亲生前怕雷声，一打雷，他就围着坟墓一边转着一边说"儿子在此"。夏方从十几岁开始在17年时间里安葬了13位死于疫疠的亲人，因此感动了地方政府，被拜为"仁义都尉"。许孜曾随豫章太守会稽孔冲读书，回家后听说孔冲去世，为他守丧三年。后父母去世，因居丧而"柴毁骨立，杖而能起"，并亲自建造坟墓。乡亲们看他实在太过劳累，要帮助他。许孜实在推托不过，乡亲们白天为他添土，晚上他又除去。他的孝行甚至感动了猛兽。他把妻子休了，一直住在墓庐，二十年后才再娶。他死后，他所居之宅被称为"孝顺里"。这些都是孝的典型代表。

5.1.2 薄葬观

魏晋南北朝时期实行薄葬，是社会现实使然。汉末大量高坟大墓被盗挖而曝尸荒野的现象，使人们感受到了现实的残酷。从帝王将相到中下层官员和士大夫，对生死的态度都有了不同于以往的变化。为了保证自己死后的永恒安宁，避免墓地被后人损坏，统治阶级开始身体力行提倡薄葬，而平民百姓因为战争、社会动荡只能实行薄葬。薄葬这一理念成为当时影响巨大的文化潮流。

5.1.2.1 帝王及士大夫的薄葬观

曹操在去世前要求薄葬，要求选"瘠薄之地""不封不树""敛以时服，无藏金玉珍宝"（《三国志·魏书·武帝纪》）。❶ 曹丕继续提倡和实行薄葬，他认为厚葬是"愚俗"，需要革除。晋袭曹魏之风，以薄葬为尚。两晋时的司马氏家族也大都提倡薄葬。晋宣帝司马懿去世于曹魏嘉平三年（251年），预作终制，"于首阳山为土藏，不坟不树，作《顾命》三篇，敛以时服，不设明器。后终者不得合葬"（《晋书·卷一·宣帝纪》）。晋景、文二帝皆遵奉成命，没有厚葬。景帝崩，其"丧事制度，又依宣帝故事"（《晋书·卷二十·志第十》）。东晋帝后的丧事大多依遵西晋的制度。后赵石勒在自己的终制遗令中要求薄葬，所谓"三日而葬，

---

❶ 陈寿：《三国志》，《魏书·武帝纪》，浙江古籍出版社，2000。

内外百僚既葬除服，无禁婚娶、祭祀、饮酒、食肉，征镇牧守不得辄离所司以奔丧，敛以时服，载以常车，无藏金宝，无内器玩"（《晋书·卷一百五·载记第五》）。他要求三日后就埋葬；让百官除服从吉；不要专门为逝者做服饰，仅用当时所穿的衣服；用平常的车载运棺椁和尸体；陵墓不随葬金宝，也不随葬器玩；不让地方官员奔丧；国主死后百姓可以婚娶，可以进行祭祀、饮酒、吃肉等。薄葬理念极其鲜明。

由于最高统治者的推行和身体力行，薄葬成为官员们仿效的目标。曹魏和两晋时，提倡薄葬的官员并不少。韩暨是曹魏的太常，在临终遗言中提出了"生有益于民，死犹不害于民"（《三国志·卷二十四》）的主张，实属可贵。蜀汉的诸葛亮也提倡薄葬，并身体力行。孙吴时，大司马吕岱"遗令殡以素棺，疏巾布褠，葬送之制务从约俭"❶（《三国志·吴书·吕岱传》）。"素棺"就是没有漆过的棺，"褠"是有小袖子的衣服，"疏巾"是普通生活中使用的幅巾。除此之外，葬送要求"约俭"，应该说他还是比较彻底的薄葬主义者。石苞，三国时曹魏至西晋的重要将领，主张薄葬。"延陵薄葬，孔子以为达礼；华元厚葬，《春秋》以为不臣，古之明义也。"（《晋书·卷三十三·列传第三》）他认为，厚葬与薄葬自古圣人就已经有定论了，薄葬是达礼，而厚葬是不臣。预为终制，"自今死亡者，皆敛以时服，不得兼重。又不得饭含，为愚俗所为。又不得设床帐明器也。定窆之后，复土满坎，一不得起坟种树"（《晋书·卷三十三·列传第三》）。他要求自己死后不得设床帐明器，不得起坟种树等。杜预，魏晋时期著名的政治家、军事家和学者。他提倡薄葬，要求用当地的石头做坟，简葬自己，仿效郑大夫的墓葬方式，实行薄葬。

此外，西晋时期的宗室安平王司马孚、征南大将军羊祜、凉州刺史张轨、谏议大夫庾峻、儒士徐苗和"竹林七贤"之一的刘伶等人，都是临终遗命薄葬。东晋时的车骑将军庾冰、散骑常侍孔愉和颜含、国子祭酒杜夷等人也皆遗令丧事从简。至于南朝，薄葬之风更是盛行。如张融、顾宪之、刘杳、刘歊、赵僧岩、沈麟士、姚察等均是遗令薄葬。由于统治阶级和大量官员的提倡和身体力行，使薄葬观念成为上至帝王、下至百姓都认可的一种社会主流文化。

---

❶ 陈寿：《三国志》，《吴书·吕岱传》，浙江古籍出版社，2000。

5.1.2.2 薄葬风气盛行的原因

魏晋南北朝时期为什么会盛行薄葬？具体有以下几个原因。

第一，历史的经验教训是直接导致魏晋南北朝时期薄葬风气盛行的主要原因。在中国古代，丧葬者以珍宝珠玉、金银财物等陪葬入墓，盗匪、贫民及反抗者却把挖坟盗墓作为谋生救急的方法，同时也作为发泄仇恨愤怨的情感手段。许多统治者的陵墓在国未亡之时，即已被盗。残酷的社会现实，迫使统治者不得不正视这个问题，主张薄葬。

第二，社会的不稳定和皇权的衰落也是导致魏晋南北朝时期薄葬风气盛行的原因。魏晋南北朝时期是中国历史上最为动荡的时期。三国时代，从曹丕称帝到司马炎立晋的46年里，战火始终在大江南北蔓延不止。连年的混战使人民惨遭战争之害，随后又经两晋、南北朝300余年的分裂动荡，这种不稳定的社会形势，使人们因害怕被掘墓而不敢厚葬。另外，魏晋南北朝薄葬风气的盛行也反映了皇权的衰落。魏晋南北朝时期是豪强势力迅速发展的时期。豪强势力的发展，致使中央集权受到了严重的抑制，皇权衰弱。

第三，魏晋南北朝时期薄葬风气的盛行与当时社会的经济状况有着密切的关系。一般来说，经济状况的好坏与丧事规模的大小有着直接的关系。在魏晋南北朝时期，长期的战乱和国家的分裂，使社会经济遭到极其惨重的破坏。缺乏汉代那样充实的物质基础，自然也就无法追求并实现汉代那样的厚葬了。

第四，春秋战国以来的薄葬思想对魏晋南北朝时期的丧葬风气产生了一定的影响。魏晋南北朝时期的薄葬风气受到前代薄葬思想和行为的影响是非常明显的，它是前代薄葬思想的延续。这从当时人们的许多终制遗言中可以看出。西汉杨王孙的"反真"思想就对这一时期的薄葬者有很大的影响。西晋名士皇甫谧也是如此，他曾言："尸与土并，反真之理也。今生不能保七尺之躯，死何故隔一棺之土？"

第五，魏晋南北朝时期薄葬风气的盛行与一些封建统治者的倡导和模范行为是分不开的。作为魏晋南北朝时期薄葬风气倡导者的曹操，历来提倡节俭治国，《三国志·魏书·武帝纪》载他"后宫衣不锦绣，……帷帐屏风，坏则补纳。茵蓐取温，无有缘饰"❶。蜀汉的诸葛亮也以廉俭著称，他"遗命葬汉中定军山，

---

❶ 陈寿：《三国志》，《魏书·武帝纪》，中华书局，1959。

因山为坟，冢足容棺，敛以时服，不须器物"❶（《三国志·蜀书·诸葛亮传》）。此外，西晋征南大将军羊祜、东晋元帝司马睿等人都是如此，对当时的社会风气产生了重要的影响。

5.1.2.3 薄葬风气盛行的意义

从曹操到曹丕，再到诸葛亮、司马氏家族等，他们不仅提出薄葬，而且率先践行薄葬观念，加上社会上一些有影响力的士大夫的推动，薄葬也就成了当时社会的一种趋势。薄葬的盛行推动了现实世界的财富积累和社会发展，因此具有积极的意义。

第一，魏晋南北朝的薄葬一定程度上缓和了社会矛盾。薄葬的盛行使盗墓者失去了盗墓的动机，而盗墓行为的减少可以缓解各种仇恨和社会矛盾。

第二，魏晋南北朝的薄葬减少了财富无谓的消耗，社会得到有效的控制和发展。

第三，魏晋南北朝的薄葬推动了新的社会风气的形成。从棺椁到衣饰再到随葬品的数量都在降低，形成了崇尚节俭的社会新风气。

第四，魏晋南北朝的薄葬带来了明器制度的改革，推动了殡葬习俗的变革。如随葬瓦器和特殊加工的明器取代了生活器物和金银珠宝，钱币和米粒代替了口含珠玉的习俗。

5.2 魏晋南北朝时期的殡葬礼俗

魏晋南北朝时期丧葬礼仪基本沿袭汉制，当然也有不同于过去之处，这就是潜埋虚葬、凶门柏历、相墓术等的兴起。

5.2.1 居丧制度

5.2.1.1 居丧制度的全面法律化趋势

魏晋南北朝的居丧制度承袭汉代时的居丧制度、习俗和相关的文化，在此基础上又有异化或改造。三国时期采取了"葬毕除服"的居丧制度，晋武帝和北魏

---

❶ 陈寿：《三国志》，《蜀书·诸葛亮传》，中华书局，1959。

孝文帝则对"三年之丧"极力提倡并进行恢复。居丧和丧服制度总体上朝着明细化和法律化的方向发展，使其更加符合社会现实的需要。

晋武帝不但亲自施行三年之丧，并且要求官僚士大夫也实行。当时三年之丧不但范围扩大，而且进入强制化和法律化执行的层面。晋武帝命令挚虞校点"五礼"，其中以丧服制度改动最多。挚虞改定的丧礼在晋惠帝时得到诏准并且实行，这就为魏晋南北朝居丧和丧服制度的法律化提供了理论依据。一系列专门审议丧服制度和居丧违制的机构也从中央到地方开始组建。

北魏孝文帝进行全面改革之后，自上而下推行三年之丧，如果皇族不按丧服之制执行，则会受到惩罚。由于朝廷大力自上而下的推行，以儒家和孝道为核心的居丧和丧服制度开始自朝廷至民间流行起来。从东魏、北齐和西魏、北周之后，其殡葬习俗中的"葬送之日歌谣、鼓舞、杀牲、烧葬，一切禁断"。这也说明了孝文帝改革的深远影响。

5.2.1.2 居丧禁忌

居丧禁止婚嫁，由晋代开始三年丧期的制度之后，如有违反则会被处罚。《晋书》载，"世子文学王籍之居叔母丧而婚，隗奏之……东阁祭酒颜含在叔父丧嫁女，隗又奏之"。由此可知，居丧期间婚嫁是很严重的违制。

居丧禁止宴客作乐。史载，"庐江太守梁龛明日当除妇服，今日请客奏伎丞相长史周顗等三十余人同会"（《晋书·第六十九·列传第三十九》），刘隗曾对他们的行为进行弹劾。刘隗说："夫嫡妻长子皆杖居庐，故周景王有三年之丧，既除而宴，《春秋》犹讥，况龛匹夫，暮宴朝祥，慢服之愆，宜肃丧纪之礼。请免龛官，削侯爵。顗等知龛有丧，吉会非礼，宜各夺俸一月，以肃其违。"（《晋书·第六十九·列传第三十九》）皇帝下诏从之。可见当时在居丧期间宴客作乐是会被弹劾的。

居丧期间若非特殊情况依然在官位不动，否则不回家居丧也是要被清议惩处的。如东晋末年，滕恬之的儿子滕羡因为没有运回父亲战死后的尸体而继续做官，遭到清议弹劾。可见在当时居丧不能仕宦是一个普遍认知或共识，是一种文化习惯。若非特殊情况，居丧仕宦要被清议奏劾。

5.2.1.3 居丧制度发展、变化的原因

首先，居丧制度是中央集权制在魏晋南北朝的发展和维护封建统治的需要。居丧制度特别是丧服制度作为"五礼"的一部分，是中国古代等级制度的基础和

缩影，对于维持中央集权和社会稳定有极其重要的作用。

其次，居丧和丧服制度的繁盛是因为门阀制度的兴盛。东汉以来以官僚士大夫为核心的宗族群体，在魏晋时期逐步演变成了政治权力世袭垄断的门阀地主，人们主要是仰仗宗族而非政权生活。而居丧和丧服制度是维持宗族血缘等级和宗族关系最根本的制度，所以在魏晋南北朝时期尤其受到人们的重视，居丧和丧服制度因此进一步兴盛起来。

再次，统治者的重视和推动对居丧和丧服制度的繁荣起到了巨大的激励作用。统治者特别是帝王的提倡和以身作则有着举足轻重的作用。魏晋南北朝时期对居丧和丧服制度起过推动作用的主要有魏武帝曹操、晋武帝司马炎、北魏孝文帝等人。

最后，居丧和丧服制度的改革也是魏晋南北朝少数民族及其建立的政权汉化和统治的需要。魏晋南北朝时期是一个民族大融合、以汉化为总体趋势的时期。特别是北魏孝文帝的改革，其统治主要依靠儒家思想，特别是用礼教和严密的等级制度来维持。此时，作为"五礼"重要组成部分和基础的居丧和丧服制度，就成为影响和变革一些少数民族文化和政权，特别是北魏政权的一种非常重要的制度和文化形态。

5.2.2 潜埋虚葬

潜埋虚葬简称"虚葬、伪葬"，是十六国北朝时期上层统治者使用的一种特殊葬式：墓主的遗体潜埋他所，同时备礼仪文物虚葬之。

元代陶宗仪《辍耕录》卷二十六《疑冢》条曰："曹操疑冢七十二，在漳河上。"马端临《文献通考·王礼考·山陵》按语亦曰："世传曹公疑冢七十有余，其防患至矣。"所谓疑冢，即虚葬墓。1957 年，文物考古工作者曾对河北磁县的曹操七十二疑冢做过调查，调查说："县志记载，为三国时曹操置之，民国以来经人盗掘，方知这些土冢大部分为北齐、北魏王公要人之墓。但这些记载是否与事实相符目前尚难知道，只有待以后的发掘来证实。"

中国历史上有确切文献记载的最早的一次潜埋虚葬，发生在西晋愍帝建兴元年（313 年）。据《晋书·石勒载记上》记载，石勒母亲王氏去世后，石勒将她"潜窆山谷，莫详其所。既而备九命之礼，虚葬于襄国城南"。后赵建平四年（333 年）石勒死，也行此法，"夜瘗山谷，莫知其所，备文物虚葬，号高平陵"

（《晋书·卷一百五·载记第五》）。石虎死后同样"伪葬"，"自别葬于深山"❶ 埋之。由此可见，潜埋虚葬仍是石赵诸王及王室丧制的成规。十六国北朝时期，在各族上层统治集团中曾普遍实行潜埋虚葬这一特殊葬俗。潜埋虚葬的本意就是为了保守秘密，其流行的原因，与当时社会动荡不定的现实情况有关，是为了避免逝者的坟墓被人盗掘。

5.2.3 堪舆的兴起

堪舆又名"阴阳、青乌术、地理"等，最早关于堪舆的记载见于东晋郭璞的《葬书》。魏晋南北朝时期殡葬堪舆得到了长足发展，这一时期的堪舆逐步形成完整的体系。由此出现了一批专门从事堪舆的术士，关于殡葬堪舆的专门著作也随之问世，这些都标志着我国殡葬堪舆理论在此时期基本趋于成熟。其中郭璞和管辂两位堪舆大师被奉为堪舆界的祖师，托他们名而著的《葬书》和《管氏地理指蒙》成为后世堪舆界的经典著作。此时出现大量殡葬堪舆的实践者或从业者，当时称相墓者或图墓者。此时这些生存于民间或中下层官员、士大夫之间的堪舆实践者出现了职业化的倾向。由于堪舆术的兴盛，有关相墓术的著作也纷纷问世。《隋书·经籍志》载五行家有《宅吉凶论》三卷、《相宅图》八卷、《五姓墓图》一卷。梁朝有《冢书》与《黄帝葬山图》各四卷、《五音相墓书》五卷、《五音图墓书》九十一卷、《五姓图山龙》一卷、《杂相墓书》四十五卷等。

> **小 结**

魏晋南北朝时期的殡葬文化是一个动乱时代中的特殊文化。一方面是时势迫使人们不得不改变传统的方式；另一方面是人们为顺应时代和社会现实，不得不对传统和习惯作出让步与妥协。因此，可以说是社会现实造就了魏晋南北朝时期的殡葬文化，而殡葬文化的变革不过是顺应社会发展的一种实践。

魏晋南北朝时期在中国封建社会历史中的过渡性是其他时期所不可替代的。它不仅对秦汉时期的政权结构、文化形态等有着全方位的吸纳，而且根据时代发展、政权治理的需要形成了特有的文化。魏晋南北朝时期的殡葬文化既是对传统

---

❶ 李昉等：《太平御览》卷 556 引陆翙《邺中记》。

殡葬文化的继承，也是多元文化融合发展的典型，其中就包含独特的殡葬文化。殡葬文化在这一时期呈现出时代差异性，如实行简葬和薄葬。殡葬文化有民族差异性，不同的民族政权也带来了大量不同的殡葬习俗，这都对后代的殡葬文化产生了巨大的影响。

思考与练习

1. 简述魏晋南北朝时期的殡葬观念。
2. 简述魏晋南北朝时期的薄葬观念。
3. 简述魏晋南北朝时期薄葬盛行的原因和意义。
4. 简述魏晋南北朝时期居丧制度发展、变化的原因。
5. 何谓潜埋虚葬？

模块6
隋唐五代时期的殡葬

> **学习目标**

通过本模块学习，了解隋唐五代时期的殡葬观念，把握儒家的死亡观、薄葬观念是这一时期殡葬观念的体现；了解此时期的殡葬礼俗，认识此时期的殡葬礼法，包括兼管丧事的机构、丧葬律法，以及居丧制度的全面法律化，认识此时期的殡葬习俗，具体包括殡葬形式、殡葬程序、殡葬风俗。

6.1 隋唐五代时期的殡葬观念

隋唐五代时期政治统一、社会安定、手工业和商业繁荣，殡葬作为社会风俗的重要方面，也体现出独特的风貌。

6.1.1 儒家的死亡观

隋唐时期，由于统治者的提倡和儒学自身的发展，儒家生死观念成为国家在殡葬中的主导意识。特别是中唐以后的儒学家多继承儒家"未能事人，焉能事鬼"（《论语·先进·第十一》）和"未知生，焉知死"（《论语·先进·第十一》）的观点，从理性主义出发，注重现世，认同生命有限但生命不朽的观点，认为人之生死犹如物有始终、时有昼夜的自然规律。如柳宗元承认生死是自然现象，并肯定人死形朽的规律，掩埋骸骨的行为也是其作为儒者尊重逝者的表现。柳宗元本人也积极乐观地面对生死，即使在病重期间，仍然不忘嘱托友人刘禹锡帮他整理遗稿，以便为晚生后学留下一笔财富。这体现了儒家承认生死，并积极乐观看待死亡的态度。韩愈主张重建儒家传统、重振儒学精神，同时，对佛教、道教进行了批判。佛、道大都持"出世""涅槃寂静"等避世修行的态度,而韩愈则大力提倡"入世"与稳定纲常。他认为抛弃君王、离开父母而去投身空门,向往虚无缥缈的彼岸世界,是不忠不孝和荒诞的。

6.1.2 倡导薄葬观念

隋唐五代时期经济繁荣,某种程度上为厚葬的兴起提供了物质基础。尤其是唐前中期,厚葬风气十分盛行,加重了百姓负担,导致社会不稳定的因素增加。因此唐前中期统治者数次颁布诏书、制令或以身作则推行薄葬,以期能遏制当时社会的厚葬风气。

唐朝初年,长孙皇后便以身作则要求薄葬。唐太宗在其石碑刻上希望子孙后代效法长孙皇后节俭薄葬的行为。在此之后,唐太宗以诏书的形式表达自己对厚葬风气的态度,提倡薄葬。《旧唐书·太宗记》中曰:"犹恐身后之日,子子孙孙,习于流俗,犹循常礼,加四重之椁,伐百祀之木,劳扰百姓,崇厚园陵。"❶因此,"今预为此制,务从俭约"❷。在贞观十七年(643年),唐太宗颁布了《戒厚葬诏》,指出了厚葬的弊端。他认为古代贤德之人,多行薄葬,但是吴王阖闾、秦始皇、季孙却实行厚葬,最终招致祸患。贞观十八年(644年),唐太宗颁布诏书,仍旧以圣人为例,指出了厚葬之风的诸多弊端,同时决定以自身为表率,奉行节俭,表达了自己的态度。

但是,这种厚葬之风并没有停止,不仅奢靡浪费,而且超越礼法。尽管唐高宗、武则天都下令禁止逾礼厚葬,但是这种风气并没有好转。唐玄宗即位以后继续颁布《诫厚葬敕》,严禁逾礼厚葬。在敕文中,唐玄宗先分析了厚葬行为的不当以及带来的严重后果,申明了不同的行葬标准,对明器送终用具从细节上加以规定。到了唐代宗大历七年(772年),仍颁布《条流葬祭敕》,制止厚葬。

在这一时期,涌现出了一大批主张丧事从简的有识之士,如虞世南、姚崇、萧瑀、宋璟、白敏中、傅奕、王绩等人。他们针对当时的厚葬之风,发表了许多言辞激烈、说理透彻的议论,并以自己的模范行动,躬行薄葬,推动地方的移风易俗。虞世南为唐太宗时的大臣,曾先后两次上书,认为古代明君为长久考虑应

---

❶ 刘昫:《旧唐书》卷3,《太宗记》,中华书局,2007。
❷ 刘昫:《旧唐书》卷3,《太宗记》,中华书局,2007。

多行薄葬。姚崇以太子少保致仕，遗令子孙，要求薄葬。宋璟官至尚书右丞相，反对厚葬，主张薄葬。虽然这些提倡薄葬的言行未能遏止当时的丧葬陋习，但其精神无疑是十分可贵的，值得肯定。

6.2 隋唐五代时期的殡葬礼俗

殡葬礼俗包括了殡葬礼法与殡葬习俗。隋唐五代时期既继承了前代的殡葬礼俗，又有与社会经济发展相适应的日渐完善的殡葬礼法与习俗。

6.2.1 殡葬礼法

隋唐五代时期有着等级森严的殡葬制度与礼仪规范，这既是该时期殡葬理念的体现，也是政治体系维护其自身制度的需要。

6.2.1.1 兼管丧事的机构

隋唐五代时期，国家对丧葬礼仪十分重视。虽然殡葬事务并没有专门的机构总体负责，但在陵墓营建、丧葬礼法修订、葬礼程序运作、明器用具制作等方面也有相关机构进行兼理。除此之外，还有负责具体葬仪事务的相关使职。五代时期，最终形成"山陵五使"，主要负责帝王陵墓的营建等工作。

在丧事管理有关的中央机构中，礼部主要负责制定丧礼的程序，鸿胪寺的部分职能也涉及丧葬事务的运作和安排，所需要的丧葬用具则由将作监来制作完成，僭礼行为由御史台和金吾卫进行监察检举。皇亲国戚、名臣贤士在死后通常会有谥号，评价其一生功绩，这项工作则由太常寺来完成。帝后丧事是国家重要的礼仪活动，由山陵诸使及相关人员负责。隋唐五代时期，负责帝后山陵制度的山陵使、礼仪使、卤簿使、按行使、桥道使、仪仗使等山陵诸使出现，他们负责营建帝王山陵、修订丧礼丧制、管理仪仗和人夫车马等山陵事务。

6.2.1.2 丧葬律法

殡葬礼制与法令礼法制度是中国古代社会的重要特征，西周有"制礼作乐"的《周礼》，汉朝"礼治"入刑，魏晋之后"礼"入律文，隋唐时期居丧制度逐渐入律，居丧制度的法制化成为我国古代丧葬制度的重要特点。隋唐五代时期，律法中的许多丧葬条文均体现出古代丧礼的基本理念。除此之外，还有一些以令、格、式为具体形式的丧葬规范，皆是以维护丧葬礼制与宗法体系为根本目的。后世的殡葬礼法也皆以唐为范例。

从内容而言，隋唐丧葬礼制沿袭了《仪礼·丧服》中的许多内容，并将其系统化、程序化。隋代开皇年间，高颎等撰令30卷，第29卷为《丧葬》。唐朝律令有27篇，其中第26篇为《丧葬令》。可见，自晋以来，丧葬令一直是历代律令的重要组成部分。732年，《大唐开元礼》编撰完成，其中第131～150卷为《凶礼》，对丧礼、丧仪进行规范，充分体现了森严的等级制度和丧葬律法。与殡葬相关的法律条文除了《丧葬令》，还有《祠令》《户令》《选举令》《封爵令》等15种57条。

隋唐五代时期与殡葬相关的律法已相对成熟，违反丧葬制度的罪行也有具体的罪名，包括居父母夫丧嫁娶、居父母丧主婚、匿父母夫丧、居父母丧生子、发冢等，分属《户婚律》《职制律》《诈伪律》《杂律》《贼盗律》等律法之中。《唐律》中与殡葬相关的罪名都列有具体罪行以及处罚措施。《唐律疏议》的疏义部分对此类罪行作出了解释，问答部分则对该罪行出现的常见问题进行了解答。

从隋唐五代时期的律令可以看出，该时期对丧葬礼制极为重视，而唐律则沿袭丧服制度的具体等级规定，并具体对逾礼的行为进行处罚。

6.2.1.3 居丧制度的全面法律化

唐律的制定以儒家思想为主，兼收道、法两家，大量儒家礼教的内容也渗入法律之中。居丧制度也因此在《唐律》中被系统而完整地确定下来，开始了居丧制度的全面法律化阶段。根据《唐律疏议》所载，唐代违反居丧制度均用刑事手段加以处罚。

（1）如匿丧

《唐律疏议·卷十·职制》规定："诸闻父母若夫之丧，匿不举哀者，流二千里；丧制未终，释服从吉，若忘哀作乐，徒三年；杂戏，徒一年；即遇乐而听及参预吉席者，各杖一百。……闻期亲尊长丧，匿不举哀者，徒一年；丧制未终，释服从吉，杖一百。大功以下尊长，各递减二等。卑幼，各减一等。"据此条规定，凡得知五服之内亲属死亡消息的，应该立即举哀。闻丧而故意不举哀者，称为"匿丧"，也称"闻丧不举"，此罪在违犯居丧之罪中处刑最重。丧制未终而释服从吉也属匿丧范围。按唐代丧制规定，父母及夫之丧服为二十七个月，如在这一段时间内子孙及妻子去掉丧服而穿戴吉服者，要处徒刑三年。

（2）如居丧作乐

"乐"谓金石丝竹、笙鼓歌舞之类；"杂戏"谓樗蒲双陆、弹棋象博之属。唐律规定，凡于父母及夫之丧期内而忘哀作乐的徒三年，杂戏徒一年；如逢人家奏乐而去欣赏，或逢人家举行礼宴酒会而去参加的，各杖一百；于期亲尊长丧期内忘哀作乐，律虽无明文规定，但也有罪，按律应为重杖八，大功以下从轻，笞四十。

（3）如居丧嫁娶

居丧嫁娶包括居丧期间身自嫁娶、为人主婚、为人媒合三种情况。《唐律疏议·卷十三》曰："父母之丧，终身忧戚，三年从吉，自为达礼。夫为妇天，尚无再醮。若居父母及夫之丧，谓在二十七月内，若男身娶妻，而妻女出嫁者，各徒三年。'妾减三等'，若男夫居丧娶妾，妻女作妾嫁人，妾既许以卜姓为之，其情理贱也，礼数既别，得罪故轻。'各离之'，谓服内嫁娶妻妾并离。'知而共为婚姻者'，谓婿父称婚，妻父称姻，二家相知是服制之内，故为婚姻者，各减罪五等，得杖一百。娶妾者，合杖七十。不知情，不坐。"《唐律疏议·卷十三》曰："居父母丧，与应合嫁娶之人主婚者，杖一百；若与不应嫁娶人主婚，得罪重于杖一百；自从重科。若居夫丧，而与应嫁娶人主婚者，律虽无文，从'不应为重'，合杖八十。其父母丧内，为应嫁娶人媒合，从'不应为重'，杖八十；夫丧为轻，合笞四十。"

（4）如居父母丧生子

据《唐律·户婚律》载，指所生子女是在二十七个月丧期内怀孕。如果丧前怀胎，丧期内出生，则不属此罪；如果丧期内怀胎生子，则准以此，处徒刑一年。《唐律疏议·卷十二》曰："居父母丧生子，……在二十七月内而妊娠生子者，……徒一年，……其服内生子，事若未发，自首亦原。"

（5）如居父母丧求仕

按唐律规定，在居父母丧二十七个月丧期中，二十五个月正丧内（即大祥之内须着丧服）求仕（史称"释服求仕"），比照"释服从吉"罪处徒刑三年。二十五个月外、二十七个月内求仕（因禫制未除，称"冒哀求仕"），处徒刑一年。

（6）如父母死诈言余丧不解官

《唐律疏议·卷二十五·诈伪律》规定："诸父母死应解官，诈言余丧不解者，徒二年半，……若先死，诈称始死及患者，各减二等。"按唐律规定，凡官吏之父母死，官员应解除官职在家服丧居丧二十七个月。如有人诈言余丧不解除职务的，处徒刑两年半。若祖父母、父母及夫先死，而诈称始死及妄说有疾病，以求假及有所规避的官员，从称祖父母、父母及夫始死及患，徒三年上减二等，合徒一年半。

6.2.2 殡葬习俗

6.2.2.1 殡葬形式

隋唐五代时期出现了形式各异的殡葬方式。按照遗体的处理方式不同，可以分为土葬、火葬、林葬、窟葬等。按照地域区分，大体可分为以中原汉族为主体的殡葬方式、边疆少数民族殡葬方式和域外东传宗教殡葬方式三种类型。在民族大融合、文化大发展的隋唐五代时期，殡葬方式也出现了交融的迹象。

土葬是隋唐五代时期主要的埋葬方式。土葬有不同的墓葬形制，墓葬形制又与家庭经济实力及社会地位具有一定的相关性。隋代墓葬形制一般分为竖穴土坑墓、砖室墓、土洞墓三大类。平民多以竖穴土坑墓埋葬，墓中一般为单棺或双棺，也会有瓷器、陶器及铜钱等陪葬品。另外则是通过挖隧道的方式挖出洞穴，然后把棺木放在洞穴或者砖室中，这类墓葬一般为双室或单室墓。隋唐初期，砖室墓在上层社会中较为流行。

火葬是指将尸骨焚烧后，置骨灰于塔、瓮、石窟，或直接埋于土中、撒于水中的一种丧葬方式，主要在佛教僧众及少数民族民众中盛行，成为当时仅次于土葬的一种丧葬方式。

林葬是部分北方少数民族及佛教徒的葬法，将尸骸置于林中，待鸟兽食尽，再将遗骨安葬。遗骸安葬的处理方式又有多种，包括埋入土中、火化后树塔或扬撒于林间等。

窟葬也是一种露尸葬。与林葬不同之处表现在窟葬是将遗骸放置于天然洞窟或者人工开凿的洞穴中，等待鸟兽将遗体食尽，再收其遗骨；林葬则是直接将遗骸暴露于山林之中。窟葬又可分为石窟葬与土窟葬。

塔葬是隋唐五代时期流行于僧人与信徒之间的丧葬方式，就是将遗体直接放入塔中进行安葬。另外，树塔是佛教僧人火化、林葬与窟葬之后遗骨的处理方式之一。因此有人认为，将遗骨、骨灰或者遗体放入塔中进行安葬也是塔葬的一种形式。

水葬也是佛教徒的一种丧葬方式。道宣《续高僧传》记载："然西域本葬，其流四焉。火葬焚以蒸薪，水葬沉于深渊，土葬埋于岸旁，林葬弃之中野。""水葬沉于深渊"即指的是水葬。但隋唐五代时期，水葬的事例比较少见。

隋唐五代时期，民间俗尚归葬。《旧五代史·卷九十·陆思铎传》载："思铎典陈郡日，甚有惠政。常戒诸子曰：'我死则藏骨于宛丘，使我栖魂于所理之地。'"五代十国时期是我国封建社会历史上割据分裂时期之一，也是大变革的时期，归葬在这一时期仍然盛行不衰。

6.2.2.2 殡葬程序

隋唐五代时期，殡葬形成了一套严密而清晰的礼仪程序。《隋书·礼仪志》《大唐开元礼》中有所记载，《新唐书·礼乐志》《通典》中也记录有较为详细的程序。无论是上层贵族还是普通百姓，都应遵循相应的等级。隋唐五代时期，殡葬程序主要包括初终、招魂、沐浴、易衣、饭含、凿木为重、小殓、大殓、启殡、送葬、下葬多个环节，具体如下。

（1）凿木为重

即制作暂时替代神主的牌位。不同等级有不同的规定："一品至于三品，长八尺横者半之，三分庭一在南；四品至于五品，长七尺；六品至于九品，长六尺。"❶ 牌位制好后，把熬熟的米盛入鬲中，用竹篾系住，挂于牌位上方。

（2）置灵座

也称为灵位、灵坐，是逝者下葬前暂时用来供奉亡灵的几筵。设置于下室西面，朝东，"施床、几、案、屏、帐、服饰，以时上膳羞及汤沐如平生。殷奠之日，不馈于下室"❷。下室中放置床、几、案、屏风、帐、服饰，按时进献食物和热水，如同生前一样。大祭奠时，不向下室进献食物。

（3）陈器用

启殡之日的前夜，出发前五刻，每一次击鼓就进行一项准备活动。逝者官职等级不同，所陈器用也不一样。"一品引四、披六、铎左右各八，黼翣二、黻翣二、画翣二；二品三品引二、披四、铎左右各六，黼翣二、画翣二；四品五品引

---

❶ 欧阳修：《新唐书》卷20，《礼乐十》，中华书局，1975。
❷ 欧阳修：《新唐书》卷20，《礼乐十》，中华书局，1975。

二、披二、铎左右各四、黼翣二、画翣二；六品至于九品披二、铎二、画翣二。"❶ "引"就是牵绳，"披"就是挽披（灵柩上用以固定棺材的带子），"铎"就是铃铛，"黼翣"就是黑白花纹的饰扇，"黻翣"是黑青花纹的饰扇，"画翣"为彩色的饰扇。

6.2.2.3 殡葬风俗

（1）择吉日埋葬习俗的盛行

择吉日埋葬的习俗早在汉代就较为流行了。到隋唐时，此风更甚。据敦煌文献伯三二四七《大唐同光四年具历一卷》所载，如，唐人认为下列日子是殡葬的吉日：正月二日、正月八日、闰正月四日，二月四日、十日、廿日、廿三日、廿八日，三月四日、十日、十一日、十四日、廿九日，四月六日、十二日、廿九日，五月五日、十一日、十三日、十七日、廿九日，六月六日、七日、十三日、廿二日等。

（2）面衣丧俗的普遍存在

面衣又称"面帛"，由先秦时期的"幎目"及魏晋南北朝时期的"面衣"习俗逐步演变而来，并盛行于唐。《酉阳杂俎》云："遭丧妇人有面衣，期已下妇人著帼，不著面衣。"陈澔《礼记集说》："期朝，今旦至明旦也。"帼，是一种覆于发上的首饰巾。这就是说，刚去世一昼夜之内的女尸著覆发巾，表示刚逝世，供亲人与其遗体告别；一昼夜尽，即给逝者戴上面衣，表示登程远逝，不复返还人间矣。《礼记》有载，女子出外时须遮面，既符合礼仪，也有挡风挡土之用。而女性遮挡之物，就名为"面衣"。它不仅遮面，全身也可包裹，颇实用。"面衣"着色丰富。《事物纪原卷三·冠冕首饰部第十四》重点记载："今世士人，往往用皂纱若青，全幅连缀于油帽或毡笠之前，以障风尘，为远行之服。"❷ 黑色的薄纱是帷帽的基本用材、用色，在遗存画塑中不难见到。如陕西礼泉郑仁泰墓出土的彩绘唐骑马俑等有出行夫人帷帽，均以黑纱垂面。但是，"皂纱"垂面并非只有唯一色彩。《西京杂记》记载过一种"金华紫罗面衣"，是赵飞燕被立后时，她的妹妹恭送的贺礼之中的一件宝物。从字词中，便可想象其品质，是多么精妙细密。同为新疆阿斯塔那墓出土的两具唐代带帷帽泥俑，帷帽间垂下的纱罗健在，辨其颜色应该是米色或浅棕色的本色纱，完全没有前者黑纱垂面的踪影。在

---

❶ 欧阳修：《新唐书》卷20，《礼乐十》，中华书局，1975。
❷ 高承：《事物纪原》卷3，《冠冕首饰部第十四》，中华书局，1985。

魏晋之后，还诞生了男款，著名的"苏公帕"，其中便有"面衣"的影子。唐代吐鲁番出土文书就曾多处提及这一丧俗。例如，阿斯塔那205号墓文书中高昌重光元年（620年）随葬衣物有"面衣一具"的记载。考古证实了文献记载，据王炳华《覆面、眼罩及其他》一文称，新疆维吾尔自治区博物馆曾先后于1959年、1960年两次在阿斯塔那古墓群做过发掘清理工作，共清理墓葬40座，出土面衣32件。据该文件称，这些面衣的形式为"帽套状"。后世的羃离、帷帽均为面衣的延伸，它们不仅满足于遮面，更深化了防护全身的效用。

（3）助人营丧习俗的形成

助人营丧在当时的城市中已成为一种专门性的职业。据《旧五代史·卷九十六·郑阮传》载，郑阮为赵州刺史，"尝以郡符取部内凶肆中人隶其籍者，遣于青州，舁丧至洺，郡人惮其远，愿输直百缗以免其行"。《旧五代史·卷七十六·晋高祖纪》记载，天福二年（937年）九月，将作少监高鸿渐上言："伏睹近年已来，士庶之家，死丧之苦，当殡葬之日，被诸色音并伎艺人等作乐搅扰，求觅钱物，亲行止绝。"诏令从之。这里所说的"音并伎艺人"，皆凭借助人营丧以谋食者。《宋史·卷二百六十九·陶榖传》载，后晋时陶榖曾上言："坊市死亡丧葬，必俟台司判状。奴婢病亡，亦须检验。吏因缘为奸，而邀求不已，经旬不获埋瘗。望申条约，以革其弊。"唐代一些大城市里已经出现专门从事殡葬的人员，在葬礼上唱歌，出殡时送葬。山东名族李佐，安史之乱后与他的父亲走散。后来李佐中了科举，当上了京兆少尹，就悄悄地找他的父亲。有人告诉他，他的父亲"往迎于殡葬徒中"（《南部新书·卷十》），就是专门从事殡葬工作，于是李佐就把父亲接回家。一天，父亲对他说："吾三十年在此党中，昨从汝归，未与流辈诀绝。汝可具大猪五头、白醪数斛、蒜齑数瓮、薄饼十盘，开设中堂，吾与群党一醉申诀，无恨矣。"（《南部新书·卷十》）他父亲在殡葬行业中做了三十年，而且还有一帮同伴。之后，"父出召客，俄而市善薤歌者百人至初则列堂中，久乃杂讴，及暮皆醉。众扶佐父登榻，而《薤露》一声，凡百皆和"（《南部新书·卷十》）。殡葬从业者有上百人，大家都擅长唱歌，在丧礼进行时唱悲伤的歌曲。南唐张子通当了高官，而他的弟弟张子游却喜欢到办丧事的人家里去。只要里巷口有丧车出殡路过，子游"必径趋群挽中，声调清壮，抑遏中节，或至郊外，通夕而归"（《语林·卷二十五》）。此意为人家出殡时他去挽丧车，还要唱歌，而张子游声调清壮，十分符合节拍。丧家因为看到子游是子通的弟弟，"摄至宾位，常享醉饱"，"其兄耻之"。

(4) 丧葬歌舞习俗的形成

丧葬本是严肃庄重的活动，但渐渐加入了歌舞的内容。丧礼上丧家会请人唱歌、跳舞，但唱和跳的都是特别悲伤的歌舞，出殡的时候会奏音乐。《唐语林》卷五中谈到李太史和张文收坐着闲聊的时候，突然狂风从南向北吹过来。李太史说："南五里当有哭者。"❶ 而张文收认为是有人在奏乐。手底下的人快马加鞭赶过去看，"则遇送葬者有鼓吹焉"❷。说明送葬的时候既有人在大哭，亦有人在演奏音乐。唐懿宗时，伶官李可及"能转喉为新声，音辞曲折，听者忘倦"（《旧唐书》），应是在演唱的过程中转换成了另外一种声音。同昌公主死了，举行除丧仪式的时候，"帝与淑妃思念不已，可及乃为叹百年舞曲，舞人珠翠盛饰者数百人，画鱼龙地衣，用官绢五千匹。曲终乐阕，珠玑覆地。词语凄恻，闻者流涕"（《旧唐书·曹确传》）。除丧仪式是比较悲哀的，所以李可及和众舞人的曲目比较沉重，使听和看的人跟着一起掉眼泪。

(5) 冥婚

冥婚起源于上古时期，在甲骨卜辞中就存在商王为其祖先娶冥妇的记载。秦汉时期，冥婚事例逐渐增加，但仅出现在上层社会。在一些士大夫眼中，冥婚被认为不符合制度。隋唐五代时期，冥婚仪式比较完备，反映出人们对冥婚比较重视，也可知冥婚在社会上比较流行。冥婚，一般是为生前未婚配的逝者举行的婚礼。唐代的冥婚，正史中有颇多记载。大足元年（701 年），懿德太子李重润为人所构，与其妹永泰郡主、婿魏王武延基等遭武后杖杀，时年十九。"中宗即位，追赠皇太子，谥曰懿德，陪葬乾陵。仍为聘国子监丞裴粹亡女为冥婚，与之合葬。"（《旧唐书·懿德太子李重润传》）

(6) 择墓之术

择墓之术是中国传统殡葬文化中的重要组成部分，墓地的好坏直接影响着墓主子孙的吉凶祸福，因此古代社会形成了许多丧事禁忌。隋唐五代时期，上至王公大臣下至普通百姓都非常重视择墓。择墓之术涉及墓葬选址、下葬时间选择、墓道深浅规划等。

隋朝的开国皇帝杨坚在皇后独孤氏死后，命大臣萧吉为其选择一处吉地。萧吉遍游山川，四处查看地理形势，终于寻到。萧吉上表诉说他所择墓地的奇异之

---

❶ 王谠：《唐语林》，上海古籍出版社，1978。
❷ 王谠：《唐语林》，上海古籍出版社，1978。

象:"去月十六日,皇后山陵西北,鸡未鸣前,有黑云方圆五六百步,从地属天。东南又有旌旗车马帐幕,布满七八里,并有人往来检校,部伍甚整,日出乃灭,同见者十余人。谨按《葬书》云:'气王与姓相生,大吉。'今黑气当冬王,与姓相生,是大吉利,子孙无疆之候也。"(《隋书·萧吉传》)❶ 文帝听后非常高兴,对此深信不疑。萧吉后来著有《葬经》六卷,专门论述择墓之法。

隋唐五代时期重视"龙脉",认为有龙脉之地是理想的葬所。墓志中也常见对墓地龙脉的追求,《唐故瀛洲河间县丞崔君神道碑》称该墓安葬于吉地时说:"北据高冈连陇,南面大道禁林,上国皇州,川原指掌,仙门宰树,碑阙相望,元灵嘉之,是安是宅。"❷ 高冈连陇在术士看来,正是龙脉的要求。此外,墓地周边土壤及埋葬方法也很重要。

(7) 墓志书写

墓志作为记载墓主传记的文字,发端于东汉中晚期。墓中埋葬墓志。西晋时期一再禁止在墓前竖立墓碑,将之作为薄葬的措施之一,一直到东晋末年(420年)、刘宋初年,都禁止在墓前竖立墓碑。由于墓碑被禁止,士人遂将类似的文字刻在石头上,埋入墓中随葬,称为墓志。墓志在南北朝时期逐渐成熟。隋唐五代时期,墓志在以前基础上有所发展,有大量的女性墓志出现,墓志书写对象扩大,除了官员之外,僧道乃至宫女、宦官等人也有墓志。此外,隋唐五代时期众多社会名流也投入墓志书写之中,仅《全唐文》就收录有韩愈书写的墓志、碑铭53篇,权德舆有46篇,柳宗元有40多篇,白居易、元稹也有10多篇。

小 结

隋唐五代时期不仅是中国古代社会发展的重要时期,也是殡葬思想、殡葬习俗承前启后的重要阶段。隋唐五代时期的殡葬思想继承了魏晋南北朝时期重生轻死、贵生乐生的儒道观念,融入佛教思想,凸显了唐代以后儒释道合流的趋势,为宋元三教生死观的融合奠定了基础。在隋唐五代社会中,厚葬思想历久弥坚。隋唐五代时期也是阴阳五行理论系统化的成熟时期,厚葬之风与相墓之术并行,出现了官修葬书与规范丧事的活动。这时的殡葬礼法制度在秦、汉、魏晋礼制的基础上,形成了《大唐开元礼》与唐律的《丧葬令》等多部官方的规范性文本,

---

❶ 魏征:《隋书》卷78,《萧吉传》,中华书局,1997。
❷ 张说:《全唐文》卷229,《唐故瀛洲河间县丞崔君神道碑》,中华书局,1983。

为宋元以后殡葬礼仪的规范化起到了重要的作用。

　　这时的殡葬仪式程序基本承自前代，同时受到社会阶层、品级差异的影响，殡葬制度更加系统化、等级化。一般的殡葬仪式多包括初终、招魂、沐浴、饭含、凿木为重、小殓、大殓等。作为规范性并带有法律性的文本，《大唐开元礼》与唐律《丧葬令》体系庞大、内容繁复、体例严谨，对后世殡葬礼仪的规范化、法制化起到了举足轻重的作用。从隋唐五代开始，殡葬礼仪制度从上层的礼法规范变成了整个社会的礼法约束，在中国殡葬礼仪发展史上具有里程碑的意义。

思考与练习

1. 简述隋唐五代时期的殡葬观念。
2. 简述隋唐五代时期的殡葬习俗。
3. 简述隋唐五代时期的殡葬形式。
4. 简述隋唐五代时期的殡葬程序。
5. 何谓面衣丧俗？

模块 7
宋元时期的殡葬

> **学习目标**
>
> 了解盛唐之后的传统儒家文化逐渐没落，到宋代开始出现儒、释、道三教合一的趋势，以程朱理学和陆王心学的形态呈现出来，对丧葬的伦理道德产生影响；掌握在此期间出现的新的丧葬观和丧葬礼俗。

7.1 宋元时期的殡葬观及士大夫的态度

7.1.1 宋元时期的殡葬观

7.1.1.1 三教合一的死亡观

盛唐之后，儒家传统文化的发展出现了瓶颈，旧的儒家礼仪被破坏，需要有所突破和发展。针对这一情况，以儒家文化为基础的理学和心学逐步发展起来，理学和心学吸收了佛、道两教的理论，产生了新的儒家思想体系。新体系造成封建迷信的泛滥。

当时佛教经历了鼎盛时期以后，开始由高峰向下衰落，于是在"内而诸宗融合，外而三教合一"中寻找自身的出路。在吸收了儒家文化和道家文化后，中国化的禅宗和净土宗成为佛教诸宗的主流，诵佛念经、祈祷、超度亡灵等神学迷信在各地广为流行。道教在入宋以后也对自身进行了一次大规模的世俗化改革，在吸收了佛教的一些理论后，佛道结合的内丹修养成为道教的主流。宋代符箓派道教强调祈福禳灾、驱鬼降妖，借助天之神灵而达到个人目的。道家信仰的是多神论，即与现实的封建政权相呼应的以玉皇大帝为至尊，太上老君、托塔天王等文武大臣为辅佐的群仙。这在一些文学作品中也体现了出来，如《西游记》。

宋代，儒释道完成合流，殡葬习俗较之以前又发生了重大改变，烧纸钱、灵魂超度的习俗远盛于隋唐，与之相对应的是厚葬之风盛行。在丧礼方式上，宋代人更加推崇做佛事，认为人死不做佛事，死后要在地狱中受尽种种苦难，而这在宋以前是没有的。中国人的死亡观念到这一时期已经形成了完整的体系。宋元时期的这种三教合一的死亡观，在民间殡葬礼俗中得到了充分的体现。

7.1.1.2 宋代殡葬中的孝道观

儒家的孝道殡葬观主要反映在《孝经》中，《孝经》是儒家孝道思想的集中反映。《孝经·纪孝行章》曰："孝子之事亲也，居则致其敬，养则致其乐，病则致其忧，丧则致其哀，祭则致其严……"从上述可以看出，父母过世时，要以哀痛的心情隆重地料理丧事；在行祭祀时，要以严肃的态度来追思父母，这才称得上孝。儒家这种孝道殡葬观深入民心，对殡葬习俗产生了极其深远的影响。

宋代统治者极力提倡孝道，重视送终和祭祀。"赫赫炎宋，专以孝治。"（宋庠《元宪集》卷十六《孝治颂》）宋哲宗曰："奉先者事亡如存，追远者送终为大。"宋光宗曰："礼莫大于事宗庙……孝莫重于执丧。"

宋代的儒家士大夫大多奉行传统的"事死如事生"的殡葬观，把殡葬看作是人生中最为重要的一件大事，认为"孝莫重乎丧"，送终为人之大事。程颐（北宋理学家和教育家）虽然从"以俭安神"的角度反对皇帝厚葬，但对民间的厚葬是赞成的。他认为"孝莫大于安亲，忠莫先于爱主，人伦之本，无越于斯"（《二程文集·卷六·伊川文集一》），"冠昏丧祭，礼之大者……凡事死之礼，当厚于奉生者"。

李觏（北宋儒家学者，著名思想家、哲学家、教育家、诗人）曰："死者人之终也，不可以不厚也，于是为之衣衾棺椁，衰麻哭踊，以奉死丧。"（《盱江集·卷二·礼论第一》）并且，他还把"丧死之礼"视为"礼之大本"，把厚葬和居丧、祭祀等视为衡量孝与不孝的重要标志。

7.1.2 宋元士大夫对厚葬及堪舆的态度

7.1.2.1 对厚葬的态度

对于社会上盛行的这种厚葬之风，一些士大夫加以反对，还希望改变这种不良的陋习。

范仲淹在《奏议葬荆王疏》中极力反对厚葬，认为"敕葬枉费太半，道路供应，民不聊生"。请求仁宗"特降严旨……大减冗费"。

欧阳修主张"俭葬"，认为厚葬"劳民枉费"，于国有害。他劝仁宗在皇叔荆王的丧事上"避俭葬，不肯节费，留丧而待有物之年以就侈葬"（《欧阳文忠公集·卷八》）。

宋代宰相王旦临死前，遗诫子弟："我家盛名清德，当务俭素，保守门风。不得事于泰侈，勿为厚葬以金宝置柩中。"（《宋史·卷二百八十二》）

司马光也极力反对厚葬，他在嘉祐七年（1062年）的《论董充媛赐谥册礼疏》中表明了他的这一态度。他认为："夫亡者，虽加之虚名盛饰，岂能复知？"因此，他希望仁宗在后宫丧事上"凡丧事所须悉从减损，不必尽一品之礼"（《宋名臣奏议·卷九十三》）。

程颐从"以俭安亲"的殡葬观念出发，反对厚葬，他担心厚葬被盗掘。程颐在《为家君上神宗皇帝论薄葬书》中，深切希望神宗皇帝在英宗丧事上能够"损抑至情，深为永虑，承奉遗诏，严饬有司，凡百规模，尽依魏文之制，明器所须，皆以瓦木为之，金银铜铁珍宝奇异之物无得入圹，然后昭示遐迩，刊之金石。如是则陛下之孝显于无穷，陛下之明高于旷古"。

陆游同样认为厚葬无益，他在家训中说："厚葬于存殁无益，古今达人言之已详。余家既贫甚，自无此虑，不待形言。"（《水东日记·卷十五》）又说："吾居贫不喜为人言，故知者少。今启予足之后，乃至不能办棺敛，度不免以累亲故，然当痛节所费，但或入土则已矣，更不可藉口于人，以资他用。"

当然，这些士大夫们的言论和举动在宋代是极为少见的，在当时的影响力很弱。厚葬之风仍然盛行，厚葬仍然是宋代殡葬民俗的主流。

谢应芳（元代学者、教育家）坚决反对厚葬，极力主张薄葬。他指出厚葬的弊病有二："其一，铺张祭仪，务为观美，甚者破家荡产……；其二，广集浮屠，大作佛事，甚者经旬逾月，以极斋羞布施之盛。"（《辨惑编·卷二》）他的遗嘱是："余之死，欲速埋，素志也。今偶得小丘于横山之阳，窆而墼之。余他日盖棺，埋可速矣，倚我长榇，歌以自适。"（《龟巢稿·卷五》）

7.1.2.2 对堪舆的批判

宋元时期，丧葬活动盛行堪舆术，由堪舆师在丧葬时选择合适的阴宅、时辰、方位、凶吉等。宋代的司马光、元代的谢应芳对堪舆术进行了批判。

司马光不仅是北宋时期著名的政治家和史学家，而且也是一个坚定的无神论者。他主编的名著《资治通鉴》及其所著的《家范》等，列举了大量的事例来驳斥堪舆术的理论。晚年，司马光曾作《葬论》一篇，极论堪舆术之非。他非常反对"阴阳家立邪说以惑众"。《葬论》中他以自己的父亲司马池和妻子等的丧事为例证，说"未尝以一言询阴阳家"，家中仍然兴旺发达。"今吾兄年七十九，以列卿致仕；吾年六十六，忝备侍从。""视他人之谨用葬书，未必胜吾家也。"他指出，"夫阴阳之书，使人拘而多畏，至于丧葬为害尤甚"。在他知谏院时，曾"奏乞禁天下葬书"，由于执政者反对，没有成功。

谢应芳极力否定阴阳堪舆术，他认为笃信堪舆的人是在为自己谋私利，而并非"敬孝"、为亲人着想。如他在著作《辨惑篇》卷二中指出："择地以葬其亲，亦古者孝子慈孙之用心也。但后世惑于风水之说，往往多为身谋，使其亲之骨肉不得以时归土，又不若不择之愈也。"他还反对时日与方位忌讳，认为时日与人们的吉凶祸福无关。

7.2　宋元的火葬之风

7.2.1　宋元时期社会对火葬的态度

火葬，也称"火化"，即用火焚化遗体的丧葬形式。宋代流行火葬，这与前代完全不同。江少虞（宋史学家、政和进士）在《事实类苑》中曰："河东人众而地狭，民家有丧事，虽至亲，悉燔爇，取骨烬寄僧舍中。以至积久弃捐，乃相习以为俗。"这说明，由于人口增加，为了适应新的经济形势，节省土地，宋代人很务实地采用了火葬的方式。这种盛行是全国范围内的，不论是浙江、福建，还是四川、广东，都流行火葬。但火葬遭到正统的士大夫们愈来愈强烈的反对，以致朝廷下令禁止火葬。

宋太祖建隆三年（962年）曾下诏："近代以来，率多火葬，甚愆典礼，自今宜禁之。"（《钦定续通典·卷八十三》）这是北宋建国的第三年，宋太祖诏说民间火葬非常普遍，它是唐、五代时期流行而来的。政府开始正式反对这一葬式。开宝三年（970年）十月，宋太祖又诏令开封府："禁丧葬之家不得用道、释威仪及装束异色人物前引。"（《宋史·卷一百二十五》）佛教自南北朝时期以来已深深地介入了民间的丧葬事宜,如超度亡灵、设斋、出殡等,其中包括佛教所推崇的火葬。这表明,佛教和道教对民间风俗影响很大。李唐王朝为神化自己的世系,曾以老子李聃为始祖,道教也曾一度大盛。宋代,国家欲重崇儒家的独尊地位,故一并予以严禁。

火葬简单、节俭、卫生,又不占地,它在民间禁而不止。到两宋时,民间的火葬仍相当盛行,尤其是东南(今浙江、江苏)、河东(今山西)一带地狭人众,火葬之风更盛,很多地方均设有"化人亭"。

《宋史·礼志·士庶人丧礼》中记载,南宋绍兴二十七年(1157年),监登闻鼓院范同上奏:"今民俗有所谓火化者,生则奉养之具唯恐不至,死则燔爇而捐弃之,何独厚于生而薄于死乎?甚者焚而置之水中,识者见之动心。……河东地狭人众,虽至亲之丧,悉皆焚弃。……方今火葬之惨,日益炽甚,事关风化,理宜禁止。"并建议各州县设立"义地",使贫无葬地之民能够葬亲。"仍伤守臣措置荒闲之地,使贫民得以收葬,少裨风化之美。"宋高宗批准了他的请求。这是从火葬有伤"孝道"、维护儒家文化传统的角度来反对火葬的。

次年(1158年),户部侍郎荣薿上言说置义冢确为善政,但"吴越之俗,葬送费广,必积累而后办。至于贫下之家,送终之具,唯务从简,是以从来率以火化为便,相习成风,势难遽革"(《宋史·卷一百二十五》)。即由于殡葬及棺木等费用太高,有贫穷之家葬不起。他又说由于人口增长,州县的土地有些紧张,即使是城郭外附近之地,也多系有主之地,官府很难得到,"既葬埋未有处所,而行火化之禁,恐非人情所安"。因而建议"除豪富士族申严禁止外,贫下之民并客旅远方之人,若有死亡,姑从其便",待将来有了"荒闲之地"再处置。宋高宗觉得确实如此,也同意了他的看法。于是,在一部分人中禁止火葬,而对另一部分人则听其自便。

大体上,宋代南方的江、浙、闽一带火葬最盛,此外江西、广东、湖北、湖南、四川的成都一带也有火葬之风。

两宋王朝一直在和火葬之风作"坚决"的斗争。但遇到两个难以解决的问题:其一是贫民无钱安置亲人;其二是土地紧张,许多地方已难找到可安葬之地。再加上火葬有简单、节俭的优势,故相当多的地方在数百年间奉行火葬而不衰。

元朝火葬仍非常兴盛。13世纪,意大利旅行家马可·波罗的游记中就记载了我国四川、宁夏、河北、山东、江苏、浙江一带的火葬习俗。元人熊梦祥《析津志》载:"城市人家不祠祖祢(即不祭祖,佛教之俗),但有丧孝,请僧诵经,喧鼓钹彻宵。买到棺木,不令入丧家,止于门檐下。候一二日即舁尸出,就檐下入棺。抬上丧车,即孝子扶辕,亲属友人挽送而去,至门外某寺中。孝子家眷止就寺中少坐,一从丧夫烧毁。寺中亲戚饮酒食肉,尽礼而去。烧毕,或收骨而葬于累累之侧者不一。孝子归家,一哭而止。家中亦不立神主。若望东烧,则以浆水、酒饭望东洒之;望西烧,亦如上法。初一、月半,洒酒饭于黄昏之后。"这也反映了浙江火葬的情况。

北京也是当时火葬兴盛的地方之一,"北京路百姓父母身死,往往置于柴薪之上,以火焚之"(《大元圣政国朝典章·礼制三·禁约焚尸》)。对火葬之俗,元至正十五年(1355年)北京路同知高朝上言表示反对。经礼部讨论,认为各地风俗不一,民族习惯不同,不能强行一致,建议把从军应役、远方客旅及色目人除外,汉人一律土葬。(《续通典》十通本)以此观之,元朝曾反对汉人实行火葬,但也未行得通。

7.2.2 宋代流行火葬的原因

(1) 佛教的影响

佛教重灵魂的超度、轮回,鄙视肉体,视之为灵魂升华的累赘,肉体被抛弃得越彻底,灵魂就越"无所牵挂",故行火葬,这是对灵魂的认知不同所致。如南宋周煇《清波杂志》卷十二中记载:"浙右水乡风俗,人死虽富有力者,不办蕞尔之土以安厝,亦致焚如僧寺。"富者有能力行土葬,仍去僧寺搞火葬,这表示不同的人在认识方面不同。

(2) 土葬花费太大

贫穷之家无力负担土葬的费用,既然佛教已带来了火葬这一形式,民间贫穷之家自然乐于选择火葬。这是丧家经济条件的限制所致。

(3) 葬地紧张

两宋期间人口增长较快,再加上土地的兼并与集中,相当多的贫穷之家"无立锥之地",终年靠租种地主土地或做佣工度日,自然没有自家的坟地。北宋以后,城市发展,居住于城市的平民阶层(如手工业者)就更不容易找到坟地了,花钱去他人的坟地埋葬,这会进一步增加丧葬费用。而各州县官府要经常购置"义冢"供丧家无偿使用也不是一件轻而易举的事。

(4) 少数民族的影响

两宋时期，由于长期的"崇文抑武"政策，我国数个少数民族政权与宋并立，并相互对峙，甚至一度占据半壁江山。在此期间，各民族政治、经济、文化快速融合，当时契丹族（辽）、党项族（西夏）、女真族（金）等，以及后来的蒙古族（元）都盛行火葬习俗。受其影响，宋的火葬习俗在北方盛行起来。

(5) 统治者的态度

宋统治者虽然一直在禁绝火葬，但在行动上却是采取放任与宽容的态度，这和宋朝在政治上采取宽厚的政策有关。《宋史·刑法志》记载："宋兴，承五季之乱，太祖、太宗颇用重典……而以忠厚为本。"不仅如此，皇族也有采取火葬的行为。如《华阳集》记载，嘉祐八年（1063年）九月二十三日，四岁而亡的皇侄孙赵士拿"火而寓骨于都城之西大慈佛祠"，可见宋代火葬禁而不绝的原因之所在。

(6) 特殊情形的死亡

宋代民间婴幼儿、因传染病死亡的人以及无主尸首等实行火葬。这属于特殊情况，不具有社会意义。但以现代的观点来看，则符合卫生要求。

7.3 宋代的厚葬之风

7.3.1 宋代厚葬的社会现象

宋代是一个习尚厚葬的社会。以帝王丧事为例，《历代名臣奏议》卷一百二十三《礼乐·丧礼》中就记载在宋代的国丧中，除宋太祖、宋太宗"国家山陵送往，俭于前代"外，大多实行厚葬。如宋仁宗葬于昭陵时，朝臣范祖禹见"有缄封皮匣纳之方中者甚多，皆出于禁中"。由于宋仁宗"厚葬过礼"，因此"公私骚然"，大臣们纷纷上奏，"请损之"。宋神宗死，其丧事之厚又甚于宋仁宗。同时，皇室成员们的丧事亦是十分隆重、奢侈。宋仁宗幼子豫王死，宋仁宗下令厚葬，"中春卜地，盛夏起坟，凿土穿山"，役人"数十万工"，所费之财达 50 万缗左右，以致弄得"三司力屈，百计收敛"。厚葬在皇室的带动下，贵族大臣们亦纷纷效尤。平江太守王季德死，其家以钱 50 万购棺椁入殓。

民间，厚葬现象亦是屡见记载。如汴京，"凡百吉凶之家，人皆盈门"（《东京梦华录·卷五·民俗》),"丧事,贫不能具服,则赁以衣之。家人之寡者,当其送终,即假倩媪妇,使服其服,同哭诸途,声甚凄惋,仍时自言曰:'非预我事'"❶。其他地方也大致如此,可见民间厚葬已开始深入人心。

7.3.2 宋代厚葬的特点

(1) 有厚葬之忧

在宋代以前,我国的厚葬表现在陵墓的崇大、棺椁的精美和葬品的丰厚上,以致盗墓猖獗。宋代的官僚士大夫雅好收藏金石,使盗墓者更有利可图,进一步促使盗墓之风盛行。严重的社会现实摆在人们面前,使人们对"异日之祸,不得不虑"(《二程文集·卷十三》)。为了避免坟墓被盗掘,一方面在棺中少置或不置金银财宝;另一方面实行改葬,"使后人不知墓之所在,以图永安"(《二程文集·卷十三·改葬告少监文》)。

(2) 举办佛事

宋代的佛事是一种超度逝者亡魂的活动,时间长短不一,一般为7天,多者可达49天,甚至更多。参加法事的僧道,少则几人,多则上百人。内容为诵经设斋、礼佛拜忏、追荐亡灵。宋人认为,替逝者超度可"使死者免为馁鬼于地下"❷,"往好处托生",是孝仁之举。因此,人们纷纷效仿。由于丧葬佛事开支数目浩大,许多丧家背上了沉重的负担,甚至倾家荡产。其次,在停殡、出葬时亦是"不惜资财,以供杂祀广会,以沽儿童妇女之称誉"❸。

(3) 购置堪舆宝地

在当时,人们普遍认为按堪舆之说安葬逝者,不仅可以荫泽后人,还可以投资经营生意,获取其利。"士庶稍有事力之家,欲葬其先者,无不广招术士,博访名山,参互比较,择其善之尤者,然后用之。"❹ 但在土地私有情况下的宋代,要求得一块"堪舆宝地"来安葬逝者,绝非轻而易举之事,这在经济发达、土地紧张的地区尤其如此。为此,丧家不得不花费重金来购置"龙脉真穴"。

---

❶ 王得臣:《麈史》卷下,《风俗》,上海古籍出版社,1986。
❷ 翁甫:《名公书判清明集》卷13,《叔诬告侄女身死不明》,中华书局,1987。
❸ 戴表元:《剡源集》卷4,《中枝山葬记》,中华书局,1985。
❹ 黄淮、杨士奇:《历代名臣奏议》卷125,《礼乐·丧礼》,上海古籍出版社,2012。

7.3.3 宋代厚葬对社会的影响

宋代厚葬风气的盛行，对当时社会产生了深远的影响，主要有以下几个方面。

7.3.3.1 严重地影响了宋代的封建统治秩序

众所周知，殡葬在我国古代社会具有严格的等级规定，宋代自不例外。宋太祖赵匡胤曰："王者设棺椁之品，建封树之制，所以厚人伦而一风化也。"❶ 为了整饬礼仪，敦厚风俗，宋代统治者曾多次颁布新的丧葬礼仪，严立禁约，主要有《开宝通礼》《太常因革礼》《元丰新礼》《政和礼》等。这些礼制和法令差不多就殡葬礼仪的所有细节制定了严格而细致的具体规定，特别是其中显示等级的规定。

所有与丧葬有关的器物和礼仪，都根据逝者身份的贵贱等级做了严格而细致的规定。它不仅保证官员享有优于平民百姓的哀礼和特权，而且使这些官员的家庭成员也按不同等级享有相应的特权，如"其品官葬祖父母、父母，品卑者听以子品，葬妻子者递降一等，其四品以上依令式施行"（《宋史·卷一百二十五》）。

为了保证殡葬礼制的实施，宋代统治者还制定了法律条文，从而使丧制具有周密、严峻的特征。如宋代丧葬令规定："诸丧葬不能备礼者，贵得同贱，贱虽富不得同贵。"❷ 此外，宋代法律还制定了违反规定的处罚标准。

然而，这种防僭越、明等级的殡葬礼制规定，在商品经济快速发展和传统的殡葬观念面前逐步被废弃。富商大贾首先冲破礼制约束，"或冒利犯禁，奢侈违令；或过误可悯，别为赎法"（《宋史·卷二百一》）。"开宝三年十月甲午，诏开封府禁止士庶之家丧葬，不得用僧道威仪前引。太平兴国六年，又禁送葬不得用乐，庶人不得用方相魌头。今犯此禁者，所在皆是也。祖宗于移风易俗留意如此，惜乎州县闻不能举行之也。""京师，天下之根本也。"❸ 京师，即北宋统治中心的汴京，这里尚且存在着如此严重的僭越厚葬现象，其他地方也就可想而知了。

对于这种严重的违礼逾制的社会现象，封建统治者深感忧虑。宋太祖在开宝

---

❶ 王称：《东都事略》卷2，商务印书馆，2007。
❷ 司马光：《司马氏书仪》卷7，《碑志》，中华书局，2014。
❸ 李焘：《续资治通鉴长编》卷45，中华书局，1995。

九年（976年）就发布诏令，要遵从圣王教化之道，严禁举奠之际歌吹等行为，认为有伤风教，实紊人伦，并以不孝论。并要求官员用心执行，否则与当事人连坐。太平兴国七年（982年），宋太宗又下《详定士庶车服丧葬诏》再次强调，对僭越要制定更加详细的规则和惩戒手段。大臣田锡提出"既庶而富，然后制度立乎其中，使舆马衣服、婚嫁丧葬不得僭差。僭差不生，则费用有节；费用有节，则在上者不敢僭侈，在下者不生觊慕"（《咸平集·卷十》）的防僭越方法。

然而，"赫赫炎宋，专以孝治"❶。在以"孝悌为本"为原则的传统社会里，孝子贤孙厚葬其亲时打着"孝"的名义，往往不惜违礼逾制。这种现象使封建统治者陷于左右为难的境地。

7.3.3.2 人们无力支付高额的殡葬用度，出现了缓葬现象

周礼中对殡葬时间有着严格的规定。如《礼记·王制》曰："天子七日而殡，七月而葬；诸侯五日而殡，五月而葬；大夫、士、庶人三日而殡，三月而葬。"这是历代丧制的基本准则。然而在宋代，除国丧基本上按这一准则施行外，社会上普遍存在着违礼逾制的缓葬现象。

以皇亲国戚的丧事为例，缓葬的现象就非常突出。嘉祐七年（1062年），龙图阁直学士向传式奏言道："故事，皇亲系节度使以上方许承凶营葬，其卑幼丧皆随葬之。自庆历八年后，积十二年未葬者几四百余丧，官司难于卒办，致濮王薨百日不及葬。"

至于官僚士大夫们更是普遍流行着缓葬的风俗。穆修（北宋文学家）说："比今贵家富族，将葬其先，必惑葬师说，拘以岁月畏忌，大至违礼过时，久而不克葬者多矣。"❷

7.3.3.3 厚葬加重了宋人的经济和心理负担

在宋代，丧家无力举办丧事的现象十分普遍。以俸禄优厚的官僚士大夫阶层举例，太子少傅石中立死，其家因无力筹措巨大的丧资，"至不能办丧"（《宋史·卷二百六十三·石中立传》）；刑部尚书李维既殁，"家无余赀"（《宋史·卷二百四十九》），无力营葬。由于丧事费用浩大，普通宋人往往不堪重负，甚至连家底殷厚的官僚士大夫也深感不安和忧虑。

---

❶ 宋庠：《元宪集》卷16，《孝治颂》，中华书局，1985。
❷ 穆修：《穆参军集》卷下，《东海徐君墓志铭》，商务印书馆，2016。

7.4 宋代相墓术的流行

宋代是堪舆极为风靡的时期。据统计,《宋史·艺文志五》"五行类"收书 850 部、2420 卷。南宋郑樵编《通志·艺文略》"五行类"也收书 30 种、1114 部、3339 卷,其中单是堪舆墓葬类就有 149 部、498 卷。在当时,人们普遍按堪舆之说安葬逝者。朱熹言:"近世以来,卜筮之法虽废,而择地之说犹存,士庶稍有财力之家,欲葬其先者,无不广招术士,博访名山,参互比较,择其善之尤者,然后用之。"(《经济文衡·续集卷二十一》)

这种崇尚堪舆的现象不仅广泛存在于民间,而且连帝王也深受影响。建隆二年(961 年)三月二十六日,宋太祖赵匡胤在《宣祖昭武皇帝改卜安陵哀册文》中曰:"洛川南原兮山有嵩,山川王气兮洛阳东。宫阙崔嵬兮形胜通,土圭测景兮天之中。惟帝运之兴隆兮,盛大德而昭融。"(《宋会要辑稿·礼三九》)宋英宗对堪舆更感兴趣,以此"求福","广求吉地"❶。宋光宗也是"惑阴阳之说",以致宋徽宗梓宫停殡 60 余年,迟迟不能安葬。❷ 同样,河南巩义"宋陵"和浙江绍兴"宋六陵"的选址,也是按照道家堪舆术来确定方位的。

7.5 元代的殡葬

7.5.1 元代的殡葬习俗

元代的殡葬礼俗深受宋、金两国文化的影响。当时汉族地区大多采用传统的殡葬礼俗。辽、金盛行的"烧饭"的丧葬习俗在元代仍然存在。如叶子奇(元末明初大学者)的《草木子》卷三下《杂制篇》载:"元朝人死,致祭日烧饭。"据《元史·祭祀六》记载:"每岁九月内及十二月十六日以后,于烧饭院中,用马一,羊三,马湩,酒醴,红织金币及里绢各三匹,命蒙古达官一员,偕蒙古巫觋,掘地为坎以燎肉,仍以酒醴、马湩杂烧之。巫觋以国语呼累朝御名而祭焉。"

"刳木为棺"之俗在蒙古族中也颇为流行。如元世祖忽必烈时的大臣玉昔帖

---

❶ 司马光:《司马光奏议》卷 10,《言山陵择地札子》,山西人民出版社,1986。
❷ 黄淮、杨士奇:《历代名臣奏议》卷 125,《礼乐·丧礼》,上海古籍出版社,2012。

木儿死后,就是"刳香木为棺"。所谓"刳木为棺",据郑思肖《心史·大义略叙》所云,就是"剖大木刳其中空,仅容马革裹尸纳于中,复合其木"。但蒙古皇室、贵族中流行葬后灭迹、不留坟冢的习俗。叶子奇《草木子》卷三曰:"元朝官里,用梡木二片凿空,其中类人形小人,合为棺,置遗体其中,加髹漆毕,则以黄金为圈三,圈定,送至其直北园寝之地深埋之,则用万马蹴平,俟草青方解严,则已漫同平坡,无复考志遗迹。"

宋、金以来盛行的具有浓厚佛教色彩的火葬,在元代依然盛行。大都城是当时火葬最为兴盛的地区之一。

7.5.2 元代的墓祭习俗

元代的墓祭习俗极为流行,元初吴澄曰:"近世俗人之家,祠堂之外,墓所庵堂及寺观又立祠,以奉祀夫,其庙祀之多,似若加厚于其亲矣。"(《吴文正集·卷十一》)元代的墓所建祠,同建于家的祠堂一样,皆为民间祭祖的风俗。墓祠一般建于墓左,其中立有神主。元人杨维桢在《著存精舍记》中说,当时因宗庙制度废,"幸有神位主于冢舍,时节不失其所祀"。墓祠中还置设有一些墓田,由宗子主持,供祭祀等用。这些墓田为族人所有,不得典卖。

元代通过墓祠祭祖还能达到敬宗收族的目的。如元代中叶著名学者虞集指出,墓祭"盖深有维持族姓之意焉,后之君子",每岁清明节"苟以义起礼,则墓亭之设,固在所不废也"。(《道园学古录·卷七》)

对于元代盛行的墓祭,当时的士大夫议论颇多。一种观点认为,墓祠祭祖不符合儒家礼制;另一种观点认为,墓祭虽不见于古礼,但是礼以义起、以情起,与儒家提倡的礼在精神上并不相悖,应当允许实行。而且孔子也说过"祭墓为尸",因此"是墓有祭矣,祭而不屋,失祭之礼矣"。

7.5.3 元代堪舆术的盛行

到元代,堪舆术大行于世。元代迷信堪舆的程度比宋还执着,甚至还有人因此而家破人亡。由此,元朝统治者曾多次下令加以禁止。如元泰定二年(1325年)闰正月己卯,山东廉访使许师敬"奏请颁族葬制,禁用阴阳邪说"。《新元史·礼志十》载道:"时同知密州事杨仲益撰《周制国民族葬昭穆图》,师敬趣其言,奏请颁行天下焉。"虽然明令禁止，但民间的堪舆术仍然流行。

小 结

传统的儒家文化在盛唐达到顶峰后，在宋元时期逐步没落，礼制沦丧，理论混乱。这时，以"二程"（程颢、程颐）和朱熹为代表的理学兴起，逐步成为社会意识形态的主流，殡葬习俗深受影响。

随着佛教的中国化改造和道教的世俗化深入，宋元时期的殡葬礼俗也出现了儒、释、道三教合一的现象，丧礼佛道化的趋势日甚，对以儒教为主导的殡葬规制形成了巨大的冲击。火葬、堪舆、佛事、道事等习俗逐步深入人心。理学注重厚葬之俗，较前朝更甚。

思考与练习

1. 简述两宋统治阶级对殡葬礼俗的态度和做法。
2. 简述宋代流行火葬的原因。
3. 简述宋元时期的殡葬观。

模块 8
明清时期的殡葬

> **学习目标**

明清时期在丧葬方面主要是遵从儒家"孝道"观念，更强调厚葬，严厉禁绝火葬，强调等级贵贱，笃信封建迷信，堪舆泛滥，佛道丧事更盛等。一部分开明的知识分子认识到了中国丧葬制度带来的社会问题，对丧葬陋习予以揭露和批判。随着鸦片战争的爆发，西方的丧葬制度开始进入中国，并开始影响中国传统的丧葬制度。

8.1　明清士大夫的殡葬观

8.1.1　薄葬观

反对厚葬、主张薄葬是明清时期士大夫的殡葬观中最为重要的部分，闪耀着朴素唯物主义的思想光辉。其中，以黄宗羲、陈确二人最具代表性。

8.1.1.1　黄宗羲的薄葬思想

黄宗羲（明末清初经学家、史学家、思想家、地理学家、天文历算学家、教育家）的著作主要有《明夷待访录》《南雷文案》《明儒学案》等。黄宗羲在著述中首先对社会上的厚葬风俗进行了激烈的抨击和批判，他在《明夷待访录·财计三》中明确指出了厚葬的危害，认为厚葬礼俗的流行会导致僧、巫横行，有害于整个国家和天下万民的"财计"，使国家和人民处于贫困之中。因此，要救世弊必去厚葬。他说："今夫通都之市肆，十室而九，有为佛而货者，有为巫而货者，有为优倡而货者，有为奇技淫巧而货者，皆不切于民用，一概痛绝之，而庶乎救弊之一端也。"

那么，怎样铲除社会上盛行的厚葬恶俗呢？黄宗羲明确指出："治之以本，使小民吉凶一循于礼，投巫驱佛，吾所谓学校之教明而后可也。"又说："民间吉凶，一依《朱子家礼》行事。庶民未必通谙，其丧服之制度，木主之尺寸，衣冠之式，宫室之制。在市肆工艺者，学官定而付之；离城聚落，蒙师相其礼以革习俗。"这就是说，要从根本上铲除厚葬之恶习，就必须使民间的一切人生大事遵从儒家礼教，特别是当时社会上通行的《朱子家礼》，除巫去僧，以明儒家之教。

为了表明他与当时社会上厚葬陋习作斗争的决心。他在康熙二十七年（1688年）筑造生圹时，撰写了《筑墓杂言》，谕令其子黄百家及族人、弟子曰："吾死后，即于次日舁至圹中，敛以时服，一被一褥，安放石床，不用棺椁，不作佛事，不做七七，凡鼓吹、巫觋、铭旌、纸钱、纸幡、一概不用。"此外，他还作七绝《示百家》二首，告谕儿子黄百家千万不要循俗厚葬，违背父亲的意愿。康熙三十三年（1694年），黄宗羲已是85岁高龄的老人，久病不愈，自知不久于人世，乃书《梨洲末命》，再次遗命薄葬。其子黄百家与族人商议后，深感遗令难行，特别是"不用棺椁"更难奉行。黄宗羲知道后，又作《葬制或问》一篇，以释家人、弟子之疑。他在《葬制或问》中，极力推崇古人赵岐、杨王孙等人的薄葬行动，并再次重申了"不用棺椁""不循流俗"的坚强决心。

结果，黄宗羲的丧事均按他的薄葬意愿而行。康熙三十四年（1695年），享年86岁的黄宗羲逝世后，黄百家"遵《末命》，即于卒之次日，舁至化安山，安卧圹中，即塞圹门"。据说，黄宗羲的墓在十年动乱中曾被挖掘，墓室中仅出土书籍一部、笔一支、砚一方。这更有力地证明了黄宗羲的薄葬观。

8.1.1.2　陈确的"重养生，轻送死"思想

陈确（明末清初思想家）曾与黄宗羲同学，也是明清时期一位著名的薄葬论者和唯物主义思想家。陈确的殡葬观主要集中在《葬书》中。在《葬书》中，他作有《俭葬说》一文，主张丧事应量力而行："贫有贫之养，则贫亦有贫之葬。俭葬是也。夫俭非薄也，礼所不当为，力所不能为者，吾不强为焉之谓俭也。子曰：'苟无矣，敛手足形，还葬，县棺而窆，人岂有非之者哉！'虽有非之者，浇俗之所为非，非有道之人所谓非也，何病？"因此，他认为"葬之所须，无先于椁"，椁也可以省掉。至于为厚葬而破家，以"苟涂人目"，陈确认为这是一种愚蠢的行为，难以理喻。陈确认为这种厚葬于逝者毫无益处，而且认为有"大损"之处。他说："圹宽必蓄水，高则易倾，多植竹木则根株盘结，穿圹及棺，无所不至，人第习非而不察耳。"而"贫者负棺而深埋之"，不仅可以不费分文，而且

也可使逝者得以安于磐石。"稍有力者,筑灰棺外,多不过十石,费不过二三金,虽锢南山之铜,莫逾其固,于用虽俭,而于人子之心甚安,不亦善乎!"

陈确的这种俭葬观是针对当时的世风而发的。他认为:"葬如是其费也,死不若不葬之愈也!辟养生者必日食万钱以为孝,则为人子者殆矣,而父母亦且必不得食矣。"为此,他又作了《养生送死论》系统地阐述他的生死观。

8.1.2 对堪舆说的抨击

明清时期,堪舆在程颐、朱熹等人的倡导下,成为殡葬中重要的一环。周召《双桥随笔》卷九也说:"世人喜谈风水,每见钜公名流以及村氓市叟,所至皆然。"这造成了很多丧葬陋俗。如丘浚在《大学衍义补》说道:"江浙闽广民间多有泥于风水之说,及欲繁其仪文以徇俗尚者,故丧多有留至三五七年,甚至累数丧而不举者。"

对于这种堪舆的迷信思想,明清时期的王廷相、张居正、罗虞臣、谢肇淛、黄宗羲、陈确、熊伯龙、周树槐、袁枚、王贞仪等一大批学者对此进行了激烈的抨击。

王廷相(明代诗人、儒家气学思想哲学家)在《雅述》中指出:堪舆对人并没有任何益处,不可能福荫子孙,"而谓其福荫于子孙,岂非荒忽缪悠无著之言乎?况若子若孙,有富有贫,有贵有贱,或寿或夭,或善或恶,各各不同,若曰善地,子孙皆被其荫可也,而何不同若是?"戳穿了堪舆说的欺骗性。此外,王廷相还在《五行配四时辩》中分析了堪舆说的社会根源,认为堪舆说是"智者造迷,愚者造信,诡者成术,鄙者成俗,圣人纯正之道荒矣"。其意思是,智者利用迷信来麻痹百姓,而百姓受其愚弄,盲目相信;诡秘者使迷信成为巫术,平民百姓深以为真,并逐渐演变为礼俗,从而使孔子创立的儒家礼仪荒废了。

张居正(明代政治家、改革家,万历时期的内阁首辅,辅佐皇帝朱翊钧开创了"万历新政")也曾著《葬地论》,他以历史上的殡葬事例阐明堪舆说的"谬悠荒唐"。通过摆事实、讲道理对堪舆说的主要论点作了强有力的辩驳。他认为人死后精神消散,剩下的只是一具尸体,是无知无觉的。即使将他葬在"吉壤善地",也不能保佑他的子孙。如果说先人凭借"吉壤善地"就可以为子孙造福,那么这些堪舆大师们为了子孙的幸福就应该早日去死,选择一个"堪舆宝地"埋葬,又何必贪生恋世呢?

罗虞臣（明代散文家）作有《辨惑论》，这是一篇全面批判堪舆术的杰作。他在文章的开始就说："或问：'风水之说何如？'曰：'邪术惑世，以愚民也。今缙绅之士，尚崇信而不变，何也？其贪鄙固于求利之为尔。'"然后批判了择地而葬的礼俗，指出："获庆在人，丘陇无与诞者……古之葬者，同一兆域，靡拘垄脉，故赵氏之葬亚布九原，汉之山陵散列诸处，上利下利，蔑尔不论，及其子孙，富贵或与三代同风，或分六国而王。五姓之义，大无稽古，吉凶之理，从何而生？且人臣名位，进退无常，有初贱而后贵，或始泰而终否。"此外，他又批判了"辰日不宜哭泣"，"祸福本于枯骨，坏土夺权于造化"，"舍人事信鬼神，求福利而暴亲"，"既葬而迁徙"等殡葬陋习。

谢肇淛（明代博物学家、诗人）的《五杂俎》因反对宋儒理学，批驳因果报应思想，在清乾隆年间文字狱最盛之时被列为禁书，全国收缴并"全毁"。书中说道："世间最不足信者，禄命与堪舆二家耳！"为了论证他的观点，他还举例说明："堪舆，自郭璞之后，黄拨沙、厉伯招其最著者也，然璞已不免刑戮于其身，而黄、厉之后子孙何寥寥也？其他如吴景鸾、徐善继等，或不得令终，或后嗣绝灭。"

黄宗羲对殡葬中的堪舆迷信深恶痛绝。他认为葬地方位之说是"邪说中之邪说"，认为"葬地之说，君子所不道"。黄宗羲将"鬼荫子孙"说为荒诞不经之论。他说，父母死后，其气已不能与子孙相感应，又怎能以此福荫子孙呢？接着，他又引用了范缜《神灭论》中"神即形也，形即神也。形存则神存，形谢则神灭"的理论，彻底否定了堪舆师所鼓吹的"鬼荫子孙"说。

陈确也对葬地堪舆说进行了坚决的揭露和批判。他在《葬书》《地脉论》《投当事揭》等文章中指出，葬地没有善恶之分，无须择地而葬。他还总结出堪舆迷信的几条危害。所以，陈确认为葬地与人的祸福无关，必须破除堪舆之说，焚毁所有葬书，教化百姓不必择地而葬。

熊伯龙（清代顺治进士，历任国史院编修、侍读、国子监祭酒、内阁学士兼礼部侍郎等）的《无何集》一书，更是弘扬王充的无神论思想。他在《宜忌类》中对世传的葬书大加批驳，指出吉凶与人犯不犯忌讳无关。他认为"四海之大，信葬师之言者不少"，但如果"人人皆求喜去忌，何以富贵者少而贫贱者多也？"他以大量的历史事实证明了人的祸福与葬地的好坏无关。

周树槐（清代古文学家）对堪舆说深恶痛绝，先后撰写了《堪舆论》《书赠李宾门序后》《书某刺史事》《改葬说》《答人论堪舆书》《再答论堪舆书》等文章，予以批驳。首先，他在《与李莲峰书》中说："鬼荫之说，害于人心风俗，仆是以恶而痛绝之。"在《再答论堪舆书》中说，自己的观点是：吉凶由人，鬼不能荫。接着，他以堪舆鼻祖郭璞葬母之后惨遭杀祸的历史来证实。他还否定选日忌讳。他在《与人论选日书》中写道："选日之说，使人泥而多忌，是以妨于事，仆厌之。"其《卜日说》也说："夫日曷吉乎？便于事则吉尔。雨也沮之，雾也误之，霾也迷之，沍也锢之；不便予事，故不吉也。"

袁枚（清代诗人、散文家、文学评论家、美食家）善于以历史事实来驳斥所谓的堪舆之说。袁枚在《子不语》中的《介溪坟》《张大帝》《风水客》《择风水贾祸》等故事中，以讽刺性文章来揭露堪舆说的欺骗性，列举了许多堪舆术不灵验的事例。

王贞仪（清代著名女科学家）针对当时堪舆学说盛行的现象，写出了《葬经辟异序》以表明自己的主张。她指出："今之葬师堪舆其人者，吾知之矣。大抵多以黠术动人。其为言也，则兼杂五行衰旺生克冲合之语，吉凶祸福转移之异教，亟亟乎借以营己之利，变惑人心之是非。"为了禁绝堪舆之说，王贞仪主张用科学知识教化人民。

8.1.3 对迷信思想的批判

明清时期，殡葬中的宗教思想十分盛行，儒家传统丧葬礼仪式微。正如丘濬（明代政治家和思想家）的《大学衍义补·家乡之礼》中说："臣按礼废之后，人家一切用佛道二教，乡里中求其知礼者盖鲜。"在这种情况下，一些开明的士大夫纷纷撰文抨击佛道二教。

罗钦顺（明代著名哲学家，气学的代表人物之一）提倡"宗儒排佛"，他依据儒家的生死观，对佛教神学宣扬的生死轮回说进行了坚决的批判。他认为"佛法初入中国，惟以生死轮回之说动人，人之情莫不贪生而恶死，苟可以免轮回出生死，安得不惟其言之听"❶。他在《困知记续录》中说："贪、嗔、痴三者，乃佛氏之所深戒也，谓之三毒"，"诌佛以求福利者，其贪心惑志"，然而"世之造寺、写经、供佛、饭僧、看经、念佛，以为有益而为之，是贪也；不知其无益而为之，是痴也；三毒而犯其二，虽活佛在世，亦不能为之解脱"。这些论点极为

---

❶ 罗钦顺：《困知记》，中华书局，1991。

深刻而有见地。

吕坤（明代文学家、思想家）对世俗中的佛教"轮回"观念也进行过深刻的批判。他认为："呼吸一过，万古无轮回之时；形神一离，千年无再生之我。"❶ 为此，他在《莖训》和《遗命》中明确告诫子孙，在他死后切勿采用僧道之言。

黄宗羲认为："自佛氏轮回之说兴，人物浑然一途，人转为物，物转为人，一人之身，与过去、现在、未来，不知多少父母！""多生百千之父母，何者为亲？孝亲一念，从此斩绝。"他对佛家的"逝者之骨骸能为祸福穷通"的"形不灭"谬论进行了驳斥。他在《破邪论》的魂魄、地狱等篇中，也以朴素的唯物主义观点驳斥了佛教中的地狱说和生死轮回说。他认为，佛教所谓的"此魂常聚，轮回六道"的地狱轮回之说是"佛氏之私言，非大道之通论也"❷。

陈确认为："佛、老之祸，至于今弥炽，将有尽灭天地民物之害。"❸ 他认为："佛事之诞妄者乎！"他制定的《丛桂堂家约序》明确规定："不用僧道吹铳，不接遗煞，不立七七名色。"

王夫之（明末清初中国朴素唯物主义思想的集大成者）在黄宗羲、陈确的基础上，对殡葬中的宗教迷信进行了无情的批判。他认为："天地之间，流行不息，皆其生焉者也……自然之势也……彼异端固曰：'死此生彼'，而轮回之说兴焉。"❹ 他一针见血地指出，佛教宣扬的这种生死轮回说并不了解人的生死，"化机之妙，大造之不可为心，岂彼异端之所得知哉？"❺ 从而抓住了佛教宣扬生死轮回的迷信思想的要害。

周召（清代学者）以人生死的自然之理批驳了佛教的生死轮回说，认为"天之生人物者，二气五行也"（《双桥随笔》卷十二），否定佛教的轮回与天堂地狱说。在他看来，佛教宣扬的轮回之说是诬世的妄畜，不足为信。同样，他也极力否定佛教宣扬的天堂地狱之说。周召认为，按照这种说法，有钱有势者尽管作恶一生，因有能力为佛写经造像就能进天堂；反之，虽为善一生，因无力修建庙塔，就只好入地狱。这种说法，无疑与佛教宣扬的善恶报应的观点自相矛盾。另外，他指出佛教宣扬的天堂地狱之说是臆造，毫无根据。他借司马光的话说："彼天堂地狱若果有之，当与天地俱生。"但为什么在"佛法未入中国之前，……

---

❶ 章懋：《枫山语录》，商务印书馆，2013。
❷ 黄宗羲：《黄宗羲全集》，浙江古籍出版社，2005。
❸ 陈确：《陈确集》，中华书局，2009。
❹ 钱穆：《中国近三百年学术史》，商务印书馆，1997。
❺ 王夫之：《周易外传》，《系辞下传》，中华书局，1997。

无一人误入地狱,见阎罗等十王者耶?"(《双桥随笔》卷九)

熊伯龙积极肯定范缜(范缜,南北朝时期著名的唯物主义思想家、道家代表人物、无神论者)提出的"人死神灭不能为鬼"的论点,并以这一理论为前提,否定地狱的存在,对佛教宣扬的轮回报应与地狱观念进行了深刻的批判。他撰写了《阴间辨》,文章批评地狱说为谎言,同样他也批判了道教宣扬的长生不死说。他还以汉武帝求仙(汉武帝特别迷信鬼神,为了求神拜仙,寻找长生不老的仙药,上过不少方士的当,干了许多荒唐可笑的事)之事为例,证明了道教神仙方术的荒谬。

洪亮吉(清代经学家、文学家)对佛教的轮回因果报应说和道教的羽化成仙说持否定态度,在其著作中论述了佛教的生死轮回和道教的长生成仙的谬误。洪亮吉在《卷施阁集·仙人篇》中指出"世亦无长生不死之人"。有人"谓服食养气而即可以长生者",他认为"亦断断不然"(《夭寿篇》)。

8.2 明清时期的殡葬习俗

8.2.1 殡葬中的奢靡风尚

8.2.1.1 明清帝王的陵墓与厚葬

陵墓包括陵、地面建筑、地下宫殿和丰富的陪葬物,它们形成一个完整而庞大的系统。在中国历史上,皇陵是帝王之家的陵墓,它集中体现了皇家宗法关系中的孝文化和祖先崇拜。

由于"帝陵无制",皇陵修筑的规模及奢俭也就带有随意性。皇陵历来反映国运的盛衰,清皇陵比明皇陵更显雄姿和气度。一个国家的威力最直接的是通过在世界中的地位来显示的。皇陵还反映了皇帝本人对生活的态度、嗜好。如清皇陵中,极重奢华的陵墓当推慈禧太后的定东陵;而最俭朴的则为道光帝的慕陵,陵园垣墙既未挂灰,也不涂红,陵园神道上没有华表、碑楼、石像生、方城和明楼,这在皇陵中是不多见的。据史载,道光帝生平确实非常俭朴,这恰好反映了他们生前生活作风上的差别。

明清时期基本上都是堆土为陵,但陵顶为圆形,称"顶宝";再周以砖壁,上砌女墙,谓"宝城"。从明孝陵起,顶为圆形。明朝的陵顶多圆形,清朝多长圆形。明清两代，帝王们的玄宫全为纯石结构，规制宏大，建筑富丽。明神宗定陵玄宫建有5座大厅，7座纯汉白玉大门，总面积达到1195平方米，其气象之宏丽，世界亦属罕见，被誉为"地下宫殿"。

明代开国皇帝朱元璋把他的陵墓修建在南京紫金山之阳，凿开玩珠峰，建成大规模的"因山为陵"的陵园。到第三位皇帝明成祖朱棣的时候，将皇陵兆域选在北京昌平区，这就开创了明、清两朝500年之久的"宝城宝顶"陵式。"宝城宝顶"陵式指陵台周围砌成高耸的圆形砖城，周长400米以上，名"宝城"；宝城之内填满黄土，使其高出宝城垛成一圆丘，上植千百株青松翠柏，这就是"宝顶"。在"宝城宝顶"的前面（南方）有陵园门、碑亭、神厨、神库、享（祭）殿、配殿、方城、明楼等宏大的建筑群，四周还围以墙垣。"宝城宝顶"陵式的整个布局前方后圆，成为独具风格的陵墓建筑体系，显得严肃而又神秘。明、清陵前的"石像生"简洁庄重，有静态之美。这些石刻，大大烘托了帝王陵墓庄严、肃穆的气氛。

明代上宫进一步扩大，自陵门、祾恩殿直至明楼、宝顶，构成一套规制完整的陵区。它集合了历代陵墓之长，极其闳丽、巍峨。至于下宫，明代统治者认为陵区应是清静、安谧之所，不应是人员众多、喧嚣、嘈杂之地，故废去下宫不建，亦不再进行每日在寝殿里的供奉。拜扫、侍候陵寝的嫔御、宫人一概裁撤，仅留护陵军、役，以保持"墓藏、庙祭"的古礼。陵寝制度的这一变革，一直沿用下来，直到晚清。

到了明代，又出现了"金井玉葬"的葬式。这种葬式是玄宫内的棺床全用"金砖"（一种特别烧制的工艺极其复杂的"澄浆砖"）铺就，在其中央留一孔穴，中填黄土，此孔穴名"金井"，又称"黄泉"。棺的周围放置各种玉制器物，逝者的口中、手中也都放以珠玉，称"玉葬"。清代帝后陵墓，从打开的乾隆的裕陵和慈禧太后的定东陵可知，除整个地宫建筑仿照明制以外，也用了"金井玉葬"的葬法。在慈禧棺床上的"金井"里，放置着她生前最喜爱的珠宝玉石；她的口内，含着一颗莹光闪闪的"夜明珠"；在她的周身，从头到脚穿挂着满满的珠玉。

明清时期的帝王对陵墓的建造极为重视，不惜花费重金，耗费的人力、物力十分惊人。如明万历帝的定陵，耗银800万两；又如天启元年（1621年）春明光宗修庆陵，虽然其规模在北京明十三陵中是较小的一个，但"御前所发帑银"仍然高达50万两。而清代帝王陵墓的建造也不逊于明代。如清雍正的泰陵耗银240万两；乾隆的裕陵耗银203万两；道光皇帝的慕陵耗银240多万两；慈禧太后的定东陵耗银 227 万两。

不仅陵墓如此,明清时期皇帝棺椁的奢靡也往往超过一般的古代帝王。如清代咸丰帝的棺材用阴沉木的厚板做成,颜色黝黑发亮,叩击时能发出金石之声,且有沁人心脾的香气。这种珍贵稀罕的木料采自云南的深山老林,光是送到北京的运费就耗银 40 万两。慈禧太后的棺材成型后,先用 100 匹高丽布缠裹衬垫,再漆饰 49 次,且每次油漆的工序都有不同的名目。

至于陵墓中随葬品,其数目之庞大、质量之精巧更是令人瞠目结舌。如明定陵中有数千件文物,且多为罕世珍宝。清乾隆裕陵中的随葬品也极为丰富,据《清高宗纯皇帝穿戴档》记载,乾隆的棺椁之中随葬品达 120 种以上、300 余件。这还是不完全的统计,不包括乾隆地宫中与他合葬的二后三贵妃的殓物。

慈禧太后陵墓内的随葬品更是多得无法统计。根据清朝内务府《孝钦后入殓、送衣版、仙陵供奉、赏遗念玉器衣服等账》的记载,从慈禧地宫修成到她葬入封闭为止,不断往里放置各种珍奇瑰宝。在慈禧的地宫里,除了放置她的金册、玉册外,慈禧的遗体深深地埋在珍珠、金银、翡翠、玛瑙之中。

8.2.1.2 丧葬奢侈之风充斥民间

民间丧事同样以奢侈为尚。俞森编纂的《荒政丛书·钟忠惠公赈豫纪略》叙述了明万历二十二年(1594 年)钟化民在河南的见闻:"冠婚丧祭,人道大端。豫民不遵古礼,贫富之家,婚葬逾分。"清乾隆时,湖南巡抚杨锡绂在《陈明米贵之由疏》中讲到民间殡葬的奢侈之风时说,铺张现象不仅出现在"通都大邑",甚至连荒郊野岭的农民也沾染此习。

京师的厚葬是最为奢侈的,如办丧事大肆铺张,讲求棺椁衣衾、酒肉筵宴、广设冥具、出钱演戏等成为当时的惯例。明沈榜《宛署杂记》卷十七《民风》曰:"间有富贵家,饭僧焚修,费动百千,冥器、幡幢,照耀数里,随椁阜封树,比之陵寝。"即使是灵前临时所用的棚子,也建造得精致工巧、豪华异常。清得舆《草珠一串》诗云:"丧事时兴作细棚,灵前无物不求精。"充分反映了时尚所趋。为了摆谱,广撒请柬,清代前因居士在《日下新讴》就说:"京师习尚拉拢,无论婚丧等事,先备请帖多许,因亲及友,辗转相邀,虽素无一面者,帖至亦必具送分金,谓之撒网。"

不仅京师如此,即使是像浙江桐乡青镇这样僻远的小镇,同样盛行厚葬之风。明代李乐在《见闻杂记》卷十一中说:"余生长青镇,独恨其俗尚奢,日用会社婚葬,皆以俭省为耻。"

随着鬼神迷信的深入和儒家孝道观念的影响，明清时期的厚葬之风不仅没有减弱，反而有加重的迹象。从丧事的仪式来看，这一时期的殡葬礼仪比以往更加繁杂。从墓葬来说，虽然统治阶级的墓室结构、大小和装潢程度比汉唐要逊色得多，随葬品也呈减少趋势，但民间普通百姓的随葬品，无论是数量还是质量，均超过唐宋时期。

8.2.2 堪舆迷信的泛滥

明清时期，堪舆迷信之风泛滥成灾。从帝王到平民百姓，无不追求"堪舆宝地"。封建帝王对陵墓的选择，更是登峰造极。

堪舆迷信的泛滥表现在以下四个方面。

(1) 重金求购"龙脉真穴"

据记载，徽州歙县棠樾的鲍氏宗族因经营盐业而暴富，而被认为是祖坟堪舆吉祥遗泽后世的结果。因此当其祖坟右侧尚可"附葬一穴"，便由鲍氏宗族公议"族内愿附葬者，输费银一千两"，结果此穴于清嘉庆八年（1803年）"照议扦葬"。一介之穴，价值千两纹银，足见当时"真穴吉壤"的难得和珍贵。

(2) 抢夺堪舆宝地

"妄听堪舆之说，相习成风，情伪百出，有觊觎他人吉壤倚仗势利用强侵占者，有无力制人私将祖骸盗葬他人界内者，有己地希图凑锦成局，硬将邻界赖为己业者，有冒认别家旧坟为祖先无耻合葬者。"❶ 这样的事情在明清时期不胜枚举，以致造成了严重的社会问题。崇祯时，任歙县知县的傅岩在其所著的《歙纪》中记载了"徽尚堪舆，争竞侵占，累讼不休，如洪包、方惟一等多案，结而复起，历年未已"，以致"祖坟荫木之争，辄成大狱"。针对上面的情况，官府多次发布禁令，以杜绝因葬地而产生的纠纷。如《福建省例·刑政例》里面就有关于禁止盗葬的律例。禁令的背后，显示的是百姓对堪舆之说的信仰。

(3) 为觅佳壤停柩不葬

康熙《徽州府志》卷二《风俗》中说："亲殁不即营宅兆，富者为屋以殡，贫者仅覆茅茨，至暴露不忍见者，由俗溺阴阳，择地择日拘忌，以故至屡世不能复土举葬。"《福建省例·刑政例（上）·速葬棺柩》也说："富家巨室则惑于风水

---

❶ 沈瑜庆、陈衍：《福建通志》卷55，《风俗》，方志出版社，2013。

而观望迁延，小户编氓则诎于资财而因循耽误，往往一室停数世之丧，一棺经数十年之久迟回未葬，相习成风。"据文献记载，这一陋俗在明代就已经比较普遍，如当时江西就出现了有人因择吉地佳穴而数十年不葬父母的现象。至清代这一问题更加严重。康熙五十四年（1715年）大学士李光地请求回籍葬埋母亲和妻子的遗体，当时距其父李兆庆去世已30年，其父的棺柩是浅土封埋，需要起出与母亲合葬。但他秋天起程回福建，到次年夏天还没有安葬妻子，原因是一时找不到吉壤，同时那一年又有禁忌，不便葬妻，因此要求康熙皇帝多给假期，以便把丧事办妥。这样，他前后花了三年时间才将亲人的丧事处理好。

（4）以原葬地堪舆不好为由起尸改葬

康熙十三年（1674年），户科给事中、歙县人赵吉士将其父母安葬于琅源台上狮高原，后听人讲，此地堪舆不好。为此，数十年来赵吉士为找"龙脉真穴"重新葬埋父母而往来奔走于各地，最后终于觅得一吉壤，于是赵吉士"不惜重金成事"，确定了墓穴，将父母改葬于此。这种迷信堪舆而起尸改葬的现象，在明清时期极为普遍。

8.3 明清时期的火葬

明朝初年，承宋元遗习，各地仍盛火葬。"元俗，死者或以火焚，而投其骨于水。"❶ 对于这种火葬习俗，明清政府视之为"丧伦""灭理"的行为，而予以禁止。

明太祖于洪武三年（1370年）下令："令天下郡县设义冢，禁止浙西等处火葬、水葬。凡民贫无地以葬者，所在官司择近城闲地，立为义冢。敢有徇习元人焚弃尸骸者，坐以重罪命刑部著之律。"《大明律·礼律》中专门有禁火葬父母的条文。

清人早期也实行过火葬。顺治五年（1648年）四月，清朝颁布丧葬则例，其中有官民人等"有愿从旧制焚化者，听之"❷。这里允许官民火葬，是遵从满族旧俗，后来遵从汉俗才禁止火葬的。

《大清律》大体上继承了《大明律》关于禁火葬的规定：其从尊长遗言，将

---

❶ 张廷玉等：《明史》卷60，《凶礼三·士庶人丧礼》，中华书局，1983。
❷《清世祖实录》卷38，华文书局，2018。

遗体火化或弃置水中，杖一百；若私自火葬或水葬父母，按杀人罪论死刑。并增加了一条："旗民丧葬，概不许火化。除远乡贫人不能扶柩归里，不得已携骨归葬者，姑听不禁外，其余有犯，照违制律治罪。族长及佐领等隐匿不报，照不应轻律分别鞭责议处。"一般情况下，明、清在各州县均设有义冢。

经明、清两代的严禁，火葬风气渐弱。但在一些经济较发达、土地比较紧张的地区仍相当流行，主要是东南一带。明末清初昆山（今属江苏）人顾炎武在《日知录·火葬录》中说："火葬之俗盛行于江南，自宋时已有之。"从记载上看，他生活的时代仍不乏火葬。他在《天下郡国利病书》中引《永康县志》说，浙江永康县有八项弊政，其中之一就是火葬。

乾隆五十七年（1792年），浙江绍兴知府李亨曾列出十项"尤为风俗害者"，勒令严禁，其中一条就是"焚烧尸棺"。❶ 这反映了绍兴一带当时仍有火葬流行。同时期，浙江海盐举人吴文晖作《悯俗》诗，叙述当地火葬情景：孝子将棺椁抬到坟地，把棺材劈开，以此为燃料焚化尸体，所谓"椁毁棺开速厝火，赫然焰起如流虹"。

嘉庆、道光年间，浙江嘉兴府桐乡县也有火葬的记载，当地人郑敬怀看不惯，说"忍心火葬到骨肉"。同治年间，高邮地区还规定：地保、邻右知有火葬而不告发，要"一体治罪"。如此连坐，大约表明那里的火葬情况很严重。此外，中原一些特殊情形也实行火化，如婴幼儿殇逝、无主遗体、人因传染病死亡等。

明清小说中也有关于火葬的描述。如《水浒传》中，武大郎死后，就送到"化人场"去化了。《红楼梦》第七十八回，晴雯死后，"王夫人闻知，便命赏了十两烧埋银子。又命：'即刻送到外头焚化了罢。女儿痨死的，断不可留！'他哥嫂听了这话，一面得银，一面就雇了人来入殓，抬往城外化人场上去了"。这些表明，明清时期仍有合法的火化场所，处理一些特殊的遗体，但难保不烧化正常死亡者。

8.4 明清时期的殡葬礼俗

明清时期，民间一般把老人的丧事视作一件大喜事，认为老人在世享尽了子孙之福，他的升天登遐值得后人庆喜。因此不管人是老死还是病死，都看成是寿

---

❶ 乾隆：《绍兴府志》卷18，《风俗》，中华书局，1960。

终正寝，应该像婚庆喜事那样大操大办。所以，丧事俗称"白喜事"。办白喜事，邻里亲友自动帮忙，俗称"吃大锅饭"。

明清时期的民间丧仪是以儒家礼制和历代丧制为依据，根据各地的风俗习惯和当时的社会风尚进行增删、演变而成。在操办丧事时，儒家认为孝子应该尽哀，丧仪应庄严、隆重，要把孝道和宗法制等都体现出来。正因为如此，明清时期的民间丧仪中的一系列仪规才显得温情脉脉，极富人情味，同时也带有几分冷峻和严苛。

明清时期，办丧事有报丧、告祖、入殓、祭奠、出殡、送葬等程序，并有做"道场"、烧"灵屋"、唱"夜歌"，以及孝家披麻戴孝、下跪下拜等习俗。

小 结

明清时期的丧葬制度和礼俗基本上沿袭唐宋。由于元代基本丧失了传统的丧葬礼仪，所以明代依据《仪礼·士丧礼》《大唐开元礼》和《朱子家礼》等典籍，制定了明代丧礼规范。清承明制，也没有多大变化。但明清时期的丧葬礼仪对等级的要求比唐宋时期要严格得多。

明清时期的丧礼注重儒家的伦理道德，强调贵贱等级。僧道、堪舆等对丧葬的影响很大，迷信之风盛行，同时，一些有见识的知识分子对这种现象进行了批判，但这种发声力量过于弱小。

明清以来一些西方传教士和商人开始把西方的一些丧礼带进中国。鸦片战争以后，国门被打开，西学东渐，西方的丧葬观念和礼仪开始正式进入我国，沿海一些地区有了服务于西方人的殡仪馆和墓地，这对我国传统的丧葬活动产生了巨大的冲击。

思考与练习

1. 简述明清时期的殡葬观念。
2. 简述明清时期的殡葬习俗。

模块9
民国时期的殡葬

> **学习目标**

了解民国时期殡葬观念和殡葬习俗的变革,了解民国时期新的丧葬形式的产生及其对中国殡葬行业发展的影响。

9.1 民国时期的殡葬观念

殡葬观念是指特定历史时期内人们对殡葬的认识,包括对死亡的认识、对殡葬习俗的看法和对殡葬意义的认知等。殡葬观念主宰和引导着殡葬习俗和行为,对殡葬的发展变革产生着长远而又深刻的影响,是殡葬文化的重要组成部分。

民国时期是中国历史上一个经历着大动荡、大转变的时期,是半殖民地半封建社会的终结阶段。民国时期作为中国由传统社会向现代社会转型的一个特殊时期,中西方文化在此刻交汇,产生剧烈碰撞,使中国传统社会发生了深刻变化,在社会机制、社会生活、社会习俗与文化方面都在急剧地发展、变化着。在这一阶段,中国社会呈现出种种错综复杂而又矛盾的状态,即"沉沦半殖民泥沼"与"追求新民主进步"共生,"沉溺旧传统风貌"与"推崇现代化生活"并存,"内陆故步自封"与"沿海勇猛精进"齐飞。由此可以看出,现代文明的兴起、传统文化的延续、沿海与内陆区域间发展的差异,构筑了这一中国历史特殊时期的斑斓万象,这也必然对民国时期的殡葬观念产生着非常重要的影响。

9.1.1 对传统殡葬观念的延续及改革

我国历来的殡葬观念深受儒家文化影响,讲求孝道,"慎终追远、事死事生、

"崇尚厚葬、以礼教孝"的观念始终贯穿于殡葬行为之中,历来有"礼莫重于丧"(《攻愧集·卷二十四》)之说。丧葬习俗是人生的最后一个礼俗,因此丧事就成为表达孝心、宣扬孝道、家族团结的重要手段。人们在安葬逝者时非常注重丧葬程序与丧后祭奠,承袭传统的丧葬观念,对丧葬制度与居丧制度都有着严格的要求和标准,厚葬久丧之风长盛不衰。同时,人们希望逝者在另一个世界也能享受到与现世一样的生活。因此,人们将器皿、用品、珠宝、典藏等陪葬于地下,所谓"棺椁必重,葬埋必厚,衣衾必多"(《墨子·节葬下》),希望逝者仍然能够享受和使用到这些物品,隆丧厚葬之风日盛。作为贯穿于中国殡葬史始终的丧葬传统,"隆丧厚葬"的现象到民国时期仍然十分严重,甚至成为民国殡葬史的一个突出特点。又因为民国时期中西方多元文化交汇,多种宗教观念并存,互相激荡,使宗教因素对民国时期的殡葬观念产生了重大的影响和冲击。

中华民国建立,推翻了传统的封建帝制,与之相伴相生的社会习俗也发生了相应的变化。体现在丧葬礼仪上的变化就是传统丧葬习俗出现由繁趋简的倾向,新式丧礼开始出现在沿海地区和城市之中。

从山西太原刘大鹏《退想斋日记》中对山西乡村殡葬活动记载的几则日记,便可看出民国时期殡葬观念的变化。

1922年11月7日,刘大鹏就其三子刘珦之妻父的丧事记载:"今日亲家开幕受吊,且延僧、道两家诵经。夜初走地,俗呼跑外坛,此在村中街上诵经也。已而入院登台诵经,俗称坐法台,又呼僧道对坛。至夜半乃已。"❶ 1926年8月31日丁载阳之妻朱氏亡逝,日记中记载:"昨日午后延僧诵经,昨夜上法台超亡魂,今日仍念经半日,俗名'达练经'。"❷

1941年4月13日的日记记载:"下底村丧家遣轿迎予前往题主,旗罗伞扇,乐工八个,导引到了丧家,赞礼生二名……先吃早饭,近午方才题神主。既成,始行出丧,又加八个和尚诵经,送到新茔,僧又绕墓讽诵经,下葬以后,抬主轿回,两个礼生在家行初虞祭礼,祭毕而宴,十二碟、四会碗、十大碗。席罢,始散而归。"❸

从第一则日记中可以看出,在山西民国殡葬习俗中宗教对民众的影响,诵经成为殡葬活动的重要组成部分。第二则日记则体现出山西地区乡村殡葬的具体

---

❶ 刘大鹏:《退想斋日记》,山西人民出版社,1990。
❷ 刘大鹏:《退想斋日记》,山西人民出版社,1990。
❸ 刘大鹏:《退想斋日记》,山西人民出版社,1990。

过程，包括题主、出丧、诵经、下丧、初虞祭礼、宴会等。两则日记都可以看出传统的殡葬观念在乡村的延续。

但是随着社会的变迁，传统的殡葬观念也在逐步发生着变化。从对丧葬习俗是否应该随着社会的发展而进行变革的态度来看，传统的士绅守旧阶层仍然尽可能地希望殡葬观念和习俗延续；而受西方新兴思想影响较为深刻的趋新人士，则在看到西方丧葬方式的文明、卫生、便捷后，对中国传统的殡葬观念与习俗提出了质疑与批判，并致力于改变。大部分普通民众此时由于受到社会经济的制约、社会政治的冲击和西方文化的冲击，主动或被动地参与到殡葬观念与习俗的变革之中。

《退想斋日记》中1930年3月17日记载："里人办理母丧，违礼而行者甚多。当此之时，丧礼全废，人皆不知为何物。治丧背礼，望谁来诘，可慨也已。"此则日记体现了乡绅刘大鹏对殡葬礼俗被改变的担忧。在办理丧葬事宜方面，出现了越来越多违背丧葬礼俗的乡人。刘大鹏此番担忧表现出了乡绅守旧人士对殡葬礼俗发生变化的忧虑，这也是一种在新文化冲击下产生的文化焦虑。反观受到新式教育的知识分子，则在对多种传统殡葬观念与习俗进行着批评与变革，展现出民国时期日新月异的思想变化。

一是传统殡葬礼俗的规矩繁多、崇尚厚葬，而新式思想指出中国传统礼俗程序繁复，花费了太多时间，影响了丧主的日常生活，增加了其精神负担。例如传统的守丧制度对孝子的言行有着严格的规定：守孝期间只能睡在铺着草垫的地上，还要绝食三天，三日后也只能吃一些简单的粥水或是蔬菜、水果，丝毫不能见肉腥。这只是守丧制度的冰山一角，其对于国家和个人来说，都是弊大于利。对此，民国初年有人批判道："而在吾国，则于国民壮盛之年华，令其割六年以守制，使同支床之龟，游釜之鱼，不能活动，以为国家有所尽力，在彼个人之牺牲，亦何足惜。然就国家之全局论之，国民即停止六年之活动，国家即停止六年之进步。处今日物竞天择优胜劣败之世界，一国而有六年无进步，欲求与他国角立以称雄，乌可得耶。"❶ 新式思想受用者认为，在动荡不安的民国时期，用六年时间完成守丧之礼，对于有为之青年无疑是一种时间上的耗损。

二是丧葬活动不仅从经济层面上让人们日渐承受不起而陷入贫困，同时也占用大量土地，浪费资源。中国传统殡葬观念的核心是孝道，讲究"事死如事生"，

---

❶ 吴贯因：《改良家族制度论》，《大中华杂志》，第1卷第5期，1915年5月20日。

隆丧厚葬普遍存在并被推崇。而民国时期由于自然灾害、连年战争、苛捐杂税等因素，导致内陆乡村经济以及农村经济逐步贫困，很多人家已经没有能力举办传统葬礼，很多地区出现了多户联合互助举办丧礼的现象，农村丧葬合作组织大量出现。同时，由于民国时期战争频繁，死亡人口剧增，大量墓地出现，导致农村农田的面积因此缩小，正所谓"攘可耕之田为墓地，忍听耕者之流离"❶。美国著名社会学家 E. A. 罗斯在《变化中的中国人》一书中也对当时中国人的厚葬习俗做了如下描述：纪念逝者的坟墓如此引人注目，以致人们不敢轻易断言，中国是属于活着的人还是死去的人。在中国，逝者一般埋在家庭或家族的墓地里，而非聚集在公墓。在靠近城市的风景区里，高高低低的坟头随处可见。如此占用土地，为城市的外向发展增加了困难。灵柩一般在"灵堂"里停放数月，有的甚至数年，直到堪舆先生择定入葬的良辰吉日与堪舆宝地为止。在中国，灵柩不是用木板拼凑而成，而是用一段挖空的原木做成。这种虔诚而铺张的习俗极大地破坏了农村的植被。

因此批判者认为需要对传统殡葬习俗进行改革，从而达到崇尚节俭、减少殡葬支出、节约人力、节约土地资源的目的。在对传统的殡葬观念进行批判的基础上，一些新的殡葬理念也逐步开始出现。如从卫生角度看要缩短丧期，进行深葬；从节约土地角度看要减少墓地面积，尝试统一安葬；从经济角度看要节俭办丧，减少程序，成立殡葬互助组织等。

9.1.2 新殡葬观念的提出

民国时期是中国历史上一个特殊的时代，中西方文化交汇碰撞，国内军阀割据、日本侵华。纵观中国的历史长河，从来没有哪个时期像民国时期那样受到来自外来文化的严重冲击和战争的长期侵扰。随着大量外国人口的涌入，西方文明随即强势介入，接受和受到影响的人越来越多，西方的殡葬观念也逐步被越来越多的中国人接受并效仿，在中国形成了阶梯状分布，即城市与沿海地区接受西方殡葬观念较多，而内陆农村地区则仍是奉行着传统的殡葬观念。新的殡葬观念主要通过下列几种形式体现出来。

一是在对传统的殡葬观念进行批判的基础上，一些新的殡葬理念也逐步开始

---

❶ 吴贯因：《改良家族制度论》，《大中华杂志》，第 1 卷第 5 期，1915 年 5 月 20 日。

出现。如殡葬合作的观念开始出现,即由原来的一家一户承办丧事逐步转为以会员的身份多家互助举办丧事。民国时期殡葬合作组织大量出现,成为这一时期殡葬的特点之一。以山西临城为例,临城很多村子成立了农民互助合作组织"红白会",村民入会成为会员,定期缴纳会费,当会员中有父母去世者,则可得到定额会银来办丧事。据1933年的调查显示:"二十户以上之村庄,必有红白会一组;八十户以上之村庄,必有二组。全县二百一十六村,统计有该会四百三十余组,加入红白会会员在七千人以上。"由于会员缴纳的会费使用时有严格限制,"必须是会员家因婚丧急需用款之际"方可使用,所以调查者评价"该会行于乡里,济人贫困,是一种再好不过的办法"。❶

二是受西方文明的冲击,西方的殡葬观念逐步被接受。表现为随着国门的被迫开放,西方宗教的影响逐步扩大,接受基督教教义并受其影响的民众日益增多,这一部分人在殡葬观念和形式上更多地接受西式的殡葬观念。据《兴华》第26卷第18期《李冠秋女士丧葬记》记载:"冠秋女士是镇江美以美会李春蕃教区主理之十女,年甫十四,品学兼优,性质平和,仅以初中二年级。于本年四月二十七日身染热症,不幸于五月二号早四点钟竟辞世归天。次日在崇实女校举行丧事礼拜,学校全体出席,女布道人员全体参加,至晚上四时安葬于跑马山本会莹地。"通过这篇报道可以看出,逝者的丧葬形式与传统丧礼有着很大区别,体现出了强烈的基督教色彩。

这一时期,充分体现西方丧葬观念的殡仪馆、公墓、丧礼摄影等,也随着科学对民众的影响和其在卫生、节俭等方面的优点,逐步为趋新人士和经济发达的大城市民众所接受。特别是公墓和殡仪馆作为文明殡葬观念的体现,开始出现在城市。人口的迁移和城市的出现导致很多人去世后无法被安葬在家乡,很多人被安葬在异地,这种现象不断冲击和改变着中国人的安土重迁和落叶归根的意识,而公墓则由于省地、经济和卫生等优越性成为异乡人和城市居民安葬的归处。殡仪馆则由于所提供的丧葬业务具备完整性、专业性和社会化的特点,逐步被民众接受。由此,城市居民的丧葬服务也由传统的杠房逐步交由殡仪馆承办。同时,文明的殡葬观念也表现为丧葬形式的改变,如丧期的缩短、讣闻的简晰、礼仪的变化、丧服的改变和祭奠形式的改变等。

民国时期是动荡战乱的时期,既有国内的军阀混战、革命军东征北伐、国共

---

❶ 福生:《临城农村集会一瞥》,《农村经济》,第2卷第8期,1935年6月8日。

战争，又有外部侵略者的入侵，即为期 14 年的抗日战争。接连不断的战争使每一个中国人都将自身命运与国家命运紧密结合，因而具有政治性、革命性、民族性内涵的国葬、公葬、追悼会成为新殡葬观念的重要组成部分。

民国时期的国丧主要是对有特殊功勋的公民进行表彰与褒扬。1916 年第一部《国葬法》颁布，从 1917 年到 1949 年，中华民国政府先后为多人举行了国葬。如 1917 年北洋政府为黄兴先生、蔡锷先生安葬于湖南岳麓山而举行的国葬；1929 年国民政府为孙中山先生举行的国葬。而另外一种由公众参与为逝者举行的葬礼——公葬，则主要是指为社会各界做出卓越贡献的人士而举办的丧葬方式，历史上曾为鲁迅先生和革命烈士举办过公葬。

民国时期是社会激烈动荡、文化多元化的时期。这种特征也造成了殡葬观念的变革和多种殡葬观念并行，既有内陆农村地区对传统殡葬观念的坚持，又有城市和沿海地区的求新人士受西方文明影响而对西方殡葬观念的接受，同时还有对传统殡葬观念与文明殡葬观念的融合与借鉴。社会文明的发展与城市化进程的加快使公墓、殡仪馆、火葬场等被社会逐步接受，使殡葬行业由传统的一家一户向互助与社会服务转型。而民国时期的革命战争与抗日战争使民众的殡葬观念由传统的家族性转向民族性和国家性，从而使国葬、公葬、烈士公墓等得到接受和尊重。

9.2 民国时期的殡葬习俗

民国时期是传统社会向近现代社会过渡的历史时期，这一时期的社会发生了巨大的变化。一方面，清王朝退出历史舞台，封建专制制度虽然被推翻，但旧的经济、文化、思想的影响仍然存在，传统的殡葬习俗仍然在普通百姓生活中占据重要位置。另一方面，中华民国建立之后，外来文化进一步传播，新式教育被逐步推广，新的社会风尚逐步影响到社会生活的各个方面，这一切变化同样对殡葬习俗产生了深刻影响。但是，葬礼是包含一套深层信仰和观念在内的礼仪，已经深深根植于民众的生活之中，而代表着文明与进步的新的丧葬仪式，却很难在短时间内取代传统的丧葬仪式，还需要时间才能被民众逐步理解与接受。民国时期的丧葬礼仪总体呈现出传统习俗由盛转衰的特点，新式葬礼开始出现，居丧生活日趋简单，丧葬礼俗新旧并用，人们对丧事从重视礼节转为重视丧事的豪华程度和丧事规模上。

9.2.1 民国时期的新式葬礼

9.2.1.1 简化传统的丧葬礼俗

中华民国成立之后,为改变传统丧葬礼俗中的封建等级制度和迷信思想,政府先后制定并颁布了多项丧葬制度,倡导和推动传统丧葬习俗的改革。国民政府先后颁布了《礼制》《服制》《国葬法》《公葬及公葬墓园暂行条例》《丧礼草案》《海军葬礼条例》和战争时期的烈士抚恤褒扬法规等。民国政府制定的丧葬制度一部分得到贯彻实施,对传统的丧葬礼俗的改革起到了一定的推动作用,传统的丧葬礼俗在绝大部分地区逐步由繁趋简。

(1) 对丧服的变革

中华民国成立后,为指导国民日常的生活行为规范,先后颁布《礼制》和《服制》,对礼仪中重要组成部分的葬礼和丧服作了较为详细的规定。与传统丧服相比,民国时期的丧服明显有了简单文明的特点。1912年,北洋政府公布的《礼制》规定如下。

第一条,男子礼为脱帽鞠躬。

第二条,庆典、祀典、婚礼、丧礼、聘问用脱帽三鞠躬礼。

第三条,公宴、公礼或及寻常庆吊、交际、宴会用脱帽一鞠躬礼。

第四条,寻常相见,用脱帽礼。

第五条,军人警察有特殊规定者,不适用本制。

第六条,女子礼适用第二条、第三条之规定,但不脱帽。寻常相见,用一鞠躬礼。

第七条,本制自公布日实施。

此制一经公布,社会上趋新人士争相效仿。在北京,"民国时代,婚丧喜事仪制,前请跪拜礼节,今概改用鞠躬"❶。

民国初年,又制定了新式的丧礼,从丧服、丧具、场所、仪式等方面进行了初步的改革。

① 服色:此丧礼现未规定,暂可仍旧。至来宾,则男子左腕佩黑纱,女子胸际缀黑纱结。

---

❶ 胡朴安:《北京辇轩录》,《中华全国风俗志》下编,河北人民出版社,1986。

② 吊仪：具挽联、挽幛、香花等为礼，商埠有送花圈者，然非初丧所用，宜于安葬时用之，盖花圈为安置墓上所用也。

③ 设备：于灵堂前供亡人影像一张，并陈列香花等什，及亲友所赠之挽联、挽幛、香花等。

④ 礼节：奏乐、唱歌、上花、献花、读祭文、向灵前行礼三鞠躬。来宾致祭一鞠躬。演说亡人事实。举哀、奏乐、唱歌、谢来宾，一鞠躬。发引用檀花提炉、盆花、挽联、挽幛、花圈、亡人照影、祭席。主人随之，后为灵柩，接着是来宾送葬者。

《礼制》中规定男子在丧礼中行脱帽三鞠躬礼，女子也行三鞠躬礼；《服制》中规定丧礼之时所穿的礼服为"男子左腕佩黑纱，女子胸际缀黑纱结"。三鞠躬礼、臂缠黑纱与胸戴黑纱结（后变为白花），成为日后社会主流的丧葬礼仪与服饰。丧服由传统烦琐变得简单文明，弱化了等级的标志，是民国时期思想变革的一个重要体现。

(2) 对传统丧礼程序进行简化

国民政府成立后，为规范纷乱陈旧的丧俗，引导新的丧葬习俗形成，1928年制定了《丧礼草案》，依法定的形式简化、规范传统丧葬礼俗，提倡薄葬、短丧，对报丧、亲殓、受吊、祭式、别灵、出殡、葬仪等传统丧葬习俗进行了详细的具体规定。《丧礼草案》重在趋新和简洁，如报丧形式之一的登报就是城市生活的反映，同时丧葬礼俗也尽量简化传统礼俗中的繁杂。《丧礼草案》的精神内涵是"专注矫正奢侈，破除迷信，提倡质朴"，集中反映在如下的附则中。

① 殓服：礼服或军服。附身以衾为限，不得用金玉、珍玩等物。

② 丧服：白衣、白冠。

③ 旧俗所用僧道建醮，一切纸扎冥器，龙杠衔牌及旗锣伞扇等，一概废除。

④ 纪念死者可用遗像，载名生卒年月及年岁等。如用神主，题主旧礼应即废除。

⑤ 丧事从俭，奠仪、挽联、挽幛、赙仪、花圈等为限。此外，如锡箔、纸烛、纸盘、冥器等物，一概废除。

这些规定直指传统丧俗的弊端，对引导和改革传统丧葬礼俗具有积极意义，体现了时代的进步。

9.2.1.2 新式葬礼的初步确立

(1) 推行公墓制

公墓是随着近代中西文化的交流而出现的安葬方式，最早出现于上海。1844

年，上海出现第一个由外侨开办的公共墓地——山东路外国公墓。1863年，英租界工部局又置地开辟出八仙桥公墓。1866年，上海公共租界工部局在卫生处设公募股，这是上海第一个殡葬行业的行政管理机构。由于公墓环境整洁、植被葱葱、节约土地，很多国人对公墓产生了良好的印象。但是民国以前，中国现存的少量由外国人开办的公墓只安葬外国逝者和基督教徒，如上海专葬外国逝者的万国公墓等。中国人逝世后除埋葬在家族墓地外，贫民和流民小部分被慈善机构葬在义冢，大部分葬于乱葬岗。由于多是薄棺浅埋，管理不善或无人管理，因而呈现出"脏乱差"的景况，极易酿成瘟疫。国民政府成立后，将推行和管理公墓视作移风易俗、推动文明殡葬的重要手段。

为取缔停柩，加强义冢和乱葬岗的规划与管理，民国政府决定推行公墓制度。1928年，国民政府正式提出全国实行公墓制。1928年10月20日，南京国民政府内政部联合卫生部公布了《公墓条例》。该条例规定："市县政府私人和私人团体都可以设置公墓。公墓应设置于市村附近，并与工厂、学校、公共处所、住宅、水源、道路有一定距离。"从而保证卫生、整洁。"其面积、深度由市县政府统一规定。各墓左右不过六尺，前后不过十尺，各墓应标号，并有人管理。碑上须注明姓名、籍贯、殁葬年月日。非经墓主不得起掘。"1928年11月，国民政府成立卫生部，公墓管理事宜转入卫生部。1929年4月，《取缔停柩暂行章程》颁布，规定所有厝棺和田亩内之坟墓均迁葬公墓。1936年10月，国民政府行政院又颁布了《公墓暂行条例》，《公墓条例》即行废止。《公墓暂行条例》主要由公墓设置、公墓管理与旧墓处置三大部分组成，共7章36条。《公墓暂行条例》与《公墓条例》相比，内容更加详细具体。如增加了公墓设置对象，规定了公墓用地原则、公墓收费原则、公墓管理原则、公墓区旧墓处理原则及罚则等。又如，规定了在设置公墓时应该远离的区域，增加了要塞或军事堡垒及贮藏爆炸物品之仓库两项。在公墓管理中对公墓墓基、墓穴高度、征收租金等都有明确的规定。这是中国历史上第一个较为完善的有关公墓的条例，促进了民国时期国家公墓的建设和民间私营公墓的发展。

以政府建设的公墓为例，《公墓暂行条例》颁布后，各省也先后上报了修订或制定的筹备公墓办法。从湖北省上报的《湖北省设置公墓实施办法》和《湖北省取缔厝棺及坟墓办法》的条文来看，湖北省的城市公墓由市政机关设置，各县公墓由县长督饬保长按照实际情况，分保或联合数保设置。公墓分甲、乙、丙、丁四种规格，公墓内分收费区与免费区，免费以赤贫为限。公墓由主管机关雇佣管理人员。厝棺应于当地公墓完成后 3 个月内迁葬公墓，在田亩中营葬之坟墓应于当地公墓完成后 1 年内迁葬公墓。墓主表示不愿迁葬或未遵期限迁葬者，得按所在田亩面积课以墓地税。无主之厝棺及坟墓采取平夷、迁并或火葬的办法酌情处理。凡有关名胜古迹及与国家有功绩者之墓不在迁葬之列，并应加以保护。1936 年，由武昌市政府决定，筹办了汉阳、武昌两座公墓，埋葬普通市民。❶ 全国其他城市设置公墓的情况与湖北省大同小异。国民政府通过建立环境幽静、卫生整洁、管理有序的公墓，取缔了厝棺停柩，取缔了占用农田的坟墓，是人们易于接受的新的丧葬方式。

1937 年日本全面侵华，战争造成了死亡人口剧增，对公墓的需求也大大增加，促进了公墓业的发展。我国公墓建设从 1944 年起迎来发展高峰，各大城市均有设计现代、服务内容全面的公墓，如上海的万国公墓、北京的万安公墓、湖南的福田公墓等。

关于民国时期我国公墓建设发展情况，根据谢世成、伍野春、华国梁三位学者按照中国第二历史档案馆档案对公墓建设情况进行统计并制成的表格可窥其大概，如表 9-1 所示。

表 9-1　1929—1948 年各省上报建设的公墓统计　　　　单位：个

时间	吉林	绥远	天津	山东	上海	江苏	安徽	浙江	河南	湖北	江西	重庆	四川	陕西	甘肃	贵州	西康	广西	合计
1929 年														1					1
1930 年	4																		4
1931 年																		1	1
1932 年				1															1
1933 年																		1	1
1937 年					2		2												4
1938 年														1	1				2
1944 年								14		63	442	5	287	97		23	31	15	977
1945 年										213				134		30	9		386
1946 年		2	2	1		1					16			30					52
1947 年			1					3						120					124
1948 年								54			1			10				1	66

---

❶ 武汉民政志编纂办公室：《武汉民政 志稿（1840—1985）》，武汉大学出版社，1987。

从表 9-1 可以看出，国民政府在全国所建公墓数量从 1944 年以后飞速增长。从 1929—1943 年的 14 年间，全国共修建公墓 14 个，平均每年修建一个；而从 1944—1948 年这 5 年间，全国共建公墓 1605 个，平均每年兴建达 321 个。其中 1929—1948 年间兴建公墓最多的省是江西省，有 458 个；其次为陕西省，有 382 个；再次为四川省、湖北省，分别为 287 个和 276 个；最少的则是山东省和安徽省，仅为 1 个。

公墓的设置是一项意义重大的改革，取缔污染环境的厝棺停柩，取缔占用农田的坟墓，去除城市内外的乱葬岗，建立整洁、文明、卫生的墓园，使民众易于接受。这标志着民国时期的丧葬向现代文明的方向发展，为我国推行殡葬改革起到了良好的示范作用。

（2）追悼会的出现

追悼会是民国时期丧葬礼俗变革中非常有意义的变革措施，主要是悼念各界的逝去有影响的人士和革命志士。追悼会出现于清朝末期，民国时期主要是在大城市中新思想人士的葬礼上实施。北洋政府礼制馆曾编定了有关追悼会的条例，规定军事及公务人员因公殒命者，除定期设奠、受人吊唁外，尚可"在家，或借公共处所，或借巨大园林，开追悼会者，无论男女，均可前往"。

追悼会的程序大多为：摇铃开会；奏哀乐；献花果；奏风琴，唱追悼歌；述行状；读哀祭文；奏哀乐；行三鞠躬礼；奏风琴，唱追悼歌；演说，奏哀乐。此外，还有家属答谢和闭会两项。如辛亥革命时期，沪军都督府在明伦堂为杨衢云、史坚如、秋瑾等革命烈士召开的追悼会，会场布置为：会场正中设祭席，放置烈士照片，会场围墙上挂挽幛、挽联，台阶下摆放花圈。会议程序为：先奏乐，全体起立，行三鞠躬礼，沪军都督陈其美发言，然后是诵读祭文，最后是各界代表演说。可以看出，奏哀乐、演说、行三鞠躬礼等都是受到西方丧葬习俗的影响，追悼会也逐步成为现代葬礼的主要悼念仪式。

1944 年，在中国共产党领导的根据地，为悼念因公殉职的革命战士张思德，党中央在延安凤凰山脚枣园操场举行了盛大隆重的追悼会，中央机关与中央警卫团官兵千余人参加。追悼会上毛泽东主席做了"为人民服务"的重要讲话。党的最高领导人参加普通一兵的追悼会并讲话，是建党以来未曾有过的。自此之后，在根据地形成了追悼会制度，即在革命队伍中，不管死了谁，无论是炊事员还是战士，只要是做过一些有益的工作的，都要给他送葬、开追悼会。这个方法后来还被推广给百姓，在广大农村开始采用。

追悼会的形式既像祭奠，又像开吊。追悼会的推行，打破了传统丧葬习俗体现的等级制度，且参祭人员一般身穿大礼服或常礼服，军警、学生身着制服，庄严隆重又简便易行。奏乐、敬花圈、三鞠躬默哀等在社会各界中产生了广泛的影响，成为民国时期的殡葬习俗中最有意义的改革措施。

(3) 国葬的出现

国葬是以国家名义举办的葬礼，用以表彰为国家做出特殊贡献的逝者。在民国成立之前，国葬体现的是皇权政治，是为统治者举行的安葬仪式。民国时期，国葬对逝者而言是政治荣誉，更是国家的纪念仪式，具有极强的表彰与褒扬意义。

1916年12月18日，为安葬对国家有重大贡献的黄兴与蔡锷，北洋政府和南京国民政府公布《国葬法》，内容如下。

第一条　中华民国人民有殊勋于国家者，身故后经大总统咨请国会同意，或国会之议决，准予举行国葬典礼。已经私葬者，亦得依前项之规定，补行国葬典礼。

第二条　国葬经费五千元，由国库支出。

第三条　国葬墓地，由国家于首都择定相当地址，建筑公墓，或于各地方择定相当地址，修筑专墓，或由逝者遗族，自行择定茔地安葬，均由国家建立碑铭以表彰之。

第四条　关于葬仪及修墓一切事宜，由内务部派员办理。

第五条　予国葬典礼者，由大总统亲往或派员致祭。

第六条　举行国葬之日，所在地之官吏，均往与祭，同时全国官署及公共团体，均下半旗设位遥祭。

第七条　殡葬时所在地及经过地方之官署及公共团体，均下半旗，并由国家派遣军队军乐护送。

第八条　本法自公布之日施行。❶

国民政府建立后于1930年颁布了第二部《国葬法》，原《国葬法》被废止。新《国葬法》内容如下。

第一条　中华民国国民有殊勋于国家者，身故后，依本法之规定，举行国葬。

---

❶《立法院通过之国葬法》，《申报》，1930年9月28日。

第二条　国葬之举行，由国民政府国务会议决定之。

第三条　国葬经费，经国民政府国务会议议决，由国库支出之。

第四条　依本法第二条之规定决定举行国葬时，由国民政府派员组织国葬典礼办事处，筹办国葬事宜。

第五条　国葬之仪式由国民政府以命令定之。

第六条　国葬举行之日，凡公务人员均须臂缠黑纱，全国停止娱乐，各机关、各团体及商店、民居，均下半旗以志哀悼。

第七条　本法自公布日施行。❶

《国葬法》出台后，国民政府又颁布了《国葬仪式》和《国葬墓园条例》，为国葬典礼提供了法律依据。特别是《国葬仪式》对国葬的每个环节进行了详细的规定和说明，使国葬仪式日臻成熟。按照法规，中华民国的国民只要"有殊勋于国家"，身故后经国会同意或国务会议决定，可举行国葬典礼。国葬经费由国库支出，治丧事宜由政府派员组织国葬典礼办事处筹办。国葬举行之日，凡公务人员均须臂缠黑纱，全国停止娱乐，各机关、团体及商店、民居均下半旗以志哀悼。凡国葬均应葬于国葬墓园。

从廖仲恺先生和李烈钧先生的国葬令中可以进一步了解国民政府时期国葬的政令内容。

① 廖仲恺先生国葬令：国民政府委员会委员、军事委员会委员兼财政部长廖仲恺，自中国同盟会以来，即为革命致力。民国成立，屡掌财政，深资擘书。洎至前年赞助先总理改组国民党，尤为努力尽瘁，以达到国民革命之目的，建立党军及辅助农工团体之发展，其为党为国奋斗之精诚与其成绩，为海内外所共仰。最近东江及广东附近战役，以党代表资格，激励将士，迅扫凶残。及国民政府成立，遗大投艰，方赖共济，乃于八月二十日，被贼徒阻击，致殒厥躬，丧我元良，实深痛悼。兹特颁治丧费一万元，准予国葬及从优议给遗族恤金。并由政府协调党部将其生平行谊，宣付党史，以示笃念勋贤，崇敬先烈之至意。此令。

② 李烈钧先生国葬令：国民政府故委员李烈钧，翊赞共和，功在光复。民国二、四年赣滇诸役，艰难起义，维护邦基。勋业尤为炳著，追念英耆，应即特予国葬，以示优崇，著内政部依法筹办，定期举行。此令。

自1917年至1949年，中华民国政府先后为黄兴、蔡锷、李仲麟、林修梅、

---

❶《公布〈国葬法〉之内容条款》，《益世报》，1916年12月20日，第3版。

程璧光、孙中山、廖仲恺、谭延闿、卢师谛、黎元洪、段祺瑞、胡汉民、邵元冲、朱培德、唐继尧、刘湘、谢持、林森、蔡元培、张自忠、柏文蔚、陈其美、张继、郝梦龄、李家珏、覃振、戴季陶等人举行了国葬。

(4) 公葬的出现

公葬是指对有功于国家，但其地位和影响尚未达到举行国葬条件的人而举行的安葬方式，是低于国葬而又高于民间私家葬礼的一种丧礼规格。享受公葬者多为社会各界的杰出人士，逝世后由中央政府会议决定公葬，由省政府办理，除请中央从优议恤外，丧仪经费主要由省财政厅拨付。民国时期，很多政界要人、文化名人、国民党部分元老和一些抗战期间为国捐躯的将领均按公葬礼仪实行公葬。

以鲁迅为例，1936年10月鲁迅去世后，蔡元培、宋庆龄、沈钧儒等人组成治丧委员会，社会各界人士积极参与。10月19日至22日在上海万国殡仪馆为鲁迅举行吊唁和安葬仪式，殡仪馆的吊唁大厅均挂有挽联及挽幛，吊唁和瞻仰者近万人。10月22日，由蔡元培主持，鲁迅遗体安葬于万国公墓，灵柩车所过之路，数千人佩戴黑纱白花加入送葬队伍，鲁迅葬礼成为当时文化界的重要事件。

1942年3月6日，第六届中国共产党中央委员张浩病逝于延安。3月7日，《解放日报》头版发布《中共中央委员张浩同志积劳成疾病逝》的讣告。3月7日下午，中共中央成立张浩治丧委员会，遗体安放在延安中央大礼堂，供瞻仰悼念。3月8日，毛泽东亲自为张浩题写了挽联："忠心为国，虽死犹荣。"毛泽东、朱德、任弼时、陈云等人守灵。3月9日，张浩公祭仪式在延安中央党校门外广场隆重举行，任弼时主持，李克农宣读祭文，万余人为张浩送行。祭礼结束，张浩的灵柩装上白布帷的灵车，送葬者迅速结成了漫长的行列。毛泽东亲为执绋。送葬队伍抵达桃花岭下，距墓地仍有一段高陡的山路，人们抬着灵柩爬上山顶。毛泽东同朱德、任弼时等亲自抬棺而行。队伍齐集山顶，灵柩送入墓穴，毛泽东又亲自给墓穴奠土，按照张浩生前的愿望，将他葬于桃花岭山顶。毛泽东还为墓碑题写了"张浩同志之墓"六个大字。

公葬的追悼会仪式与国葬的追悼会仪式大同小异，程序为：祭祀开始；全体肃立；奏哀乐；主祭者就位；陪祭者就位；与祭者全体就位；上香；献花；恭读祭文；行祭礼，三鞠躬；主祭报告致祭意义；演讲；奏哀乐；礼成。公葬日先举行公祭典礼，然后举行安葬仪式。中央代表、省政府大员和各界民众代表参加祭礼和葬仪。公葬是对逝者的一种褒扬、尊显和肯定，起到进行社会动员、增加社会凝聚力的作用。

追悼会、国葬、公葬体现了民主共和的精神。特别是悼念仪式中的臂缠黑纱和三鞠躬礼，国葬中的下半旗志哀等，在一定程度上推动了我国殡葬习俗的改变。

民国时期，由于传统的丧葬礼俗在民众中的传承和延续，新式的丧葬礼俗在实施过程中存在很多阻力，更多是存在于城市中，对内陆乡村影响较小。但是新式的丧葬礼俗反映了社会发展的时代特征，文明礼俗的出现是民国社会发展的必然趋势，也为中华人民共和国成立后丧葬习俗的改革奠定了基础。

9.2.2 奢华的厚葬风尚

由于社会急剧变革和社会等级性的模糊，民国时期的丧葬也随之失去等级性，体现出奢华厚葬的风尚。丧葬规模主要以家庭财富为依据，富商常常借助丧事来展现财富，民众也随之效仿。"近来以来，（丧礼）踵事增华，富商倡于前，里民效于后……一丧之事常逾千金。此炫富也，非哀死也。"❶ 民国时期丧葬礼俗的奢华厚葬风尚主要表现为城市的奢华大丧和内陆的倾力厚葬。

城市的奢华大丧在媒体上常常被形容为"大出丧"，显示了出丧时的宏大规模和万人瞩目。从当时的记载看，"大出丧"现象风靡大江南北，主要代表城市是上海和北京。从上海"大出丧"代表盛宣怀的葬礼就可以看出奢华的风尚。

盛宣怀被称为"中国实业之父"，于 1916 年辞世。1918 年 11 月 8 日，其家人为他举行了盛大的葬礼，规模空前，轰动了整个上海滩，被上海市民称为"大出丧"。葬礼的形制极为讲究，结合了满汉的风俗，其规模堪称"国葬"。这场民国巨富的浩大葬礼即将举行的消息一经传出，便充分激起了人们的好奇心。葬礼当天，看热闹的人群将街道挤得水泄不通，蔚为壮观，使上海出现了万人空巷的境况。浩大的送葬队伍，足足有 2.5 千米长，一眼望不到头。为盛宣怀抬棺者，共有 64 人，充分显示了盛家的财富和地位。当天送葬队伍经过的街道两旁，店铺全都歇业，临时搭建了便于人们观看的看台，有的还设有"雅座"，在此叫卖票和茶水，赚取钱财。整个出殡仪式被影片公司完整拍摄，作为电影在戏院、影院播放。其中有广告这样介绍盛宣怀"大出丧"的场面：印度马巡队、十番古乐队、海军军乐队、军警游巡队、汉冶萍旗队、招商局伞队、钦差护勇队、海潮寺

---

❶ 陈训正、马瀛：《定海县志》，台北：成文出版社，1970。

僧队、锡山尼姑队、道士音乐队、清音细乐队、前清卤薄队、仿古丧礼队、宫禁銮仪队、北京龙杠队。至于殡仪中的"诰命""旌旗亭""功步""云翣""雪柳""魂轿""灵车"等一切仪仗，应有尽有，不及备述。这次葬礼，盛家共耗资30万银圆，铺张程度到了令人咋舌的地步。当时就有人赋诗一首，表达了对这场奢华葬礼的看法："丧仪绚烂满长街，古今中西一例排。经费宽筹三十万，破天荒是盛宣怀！"除盛宣怀葬礼外，还有浙江督军杨善德等盛大的葬礼，这些盛大的葬礼从某种程度上来说已经成为民国时期奢华风尚的一种象征。

除城市的"大出丧"外，内陆乡村操办丧事的豪华程度也在加深。很多人为了表达孝道宁愿破产也要大办丧事，以此表示对亲人的孝心。富裕家庭倾其财力增加丧事的豪华程度，普通百姓直接用丧事的豪华程度来衡量孝道的标准。"又设酒席相款，孝子饮啖无异平时，且张搭高棚，遍挂纸扎，楼台人物，加以音乐戏剧，习以为常。"❶ "吉凶之事侈靡相尚，漫无限制，主人破产以侈一日之观，宾客称贷以苟目前之计，贫困之由多出于此，加以不务勤俭好趋时尚。"❷ 以《退想斋日记》主人山西乡绅刘大鹏为例，光绪三十三年（1907年），刘大鹏遭遇父丧，为守丧礼，他从正月初一开始便宣布一切新年之事从简，与往年不同，避而不见来拜年的邻居，并只请礼生儒祭，不用僧道做佛事。不仅如此，墓志、报丧、酒席和丧事过后的百日剃头之礼都按照儒家礼仪来做。整个正月都以此事为最大，以刘大鹏不富裕的家境，为操办这次丧事前后摆了131桌酒席，来助丧的亲戚朋友就有一百多人。比起5年前他丧母之时的礼仪还要隆重一些，当时助丧的人大概有八十多人，酒席128桌。

由此可见奢华的厚葬风尚，是民国时期丧葬习俗的特点之一。这既是传统丧葬习俗中隆丧厚葬的延续，又是民国社会秩序动荡的体现，是民国丧葬习俗的重要组成部分。

9.2.3 殡葬组织的出现

民国时期，传统丧葬习俗中的厚葬使普通农家难以负担，城市中的民众则由于条件限制而举办丧事困难，富裕阶层希望丧事风光，客死异乡的人希望落叶归根。上述种种的殡葬需求，在民国时期多是由殡葬组织来承办和实施，而殡葬组

---

❶ 梁善长：《白水县志》卷1，《地理·风俗》，清乾隆十九年（1754年）。
❷ 郝兆先、牛兆濂：《续修蓝田县志》卷11，《风俗》，餐雪斋1941年版。

织的大量出现成为民国时期殡葬的又一特色。

9.2.3.1 内陆农村的丧葬互助组织

丧葬对我国民众来讲是一件非常重要的大事。对长辈的丧事是否尽力,既是孝道的表现,还关系着家庭的社会声誉,会影响到子孙后辈的前程。所以,一般家庭都会对丧事投入巨大的人力、物力和财力。而由于民国时期的社会动荡,民众特别是农村家庭大多较为贫困,多数普通农民无法承担丧事的费用。于是,在乡村出现各种名目的丧葬互助组织,互相帮助举办丧事成为民国时期的一种普遍形式。根据相关材料可以看出,民国时期几乎各省的农村都有丧葬互助组织,名目繁多,如福寿会、寿星会、白袍会、喜忧会、福社会、孝义会、孝帽子会、白帽子会、白社、忙会等。

丧葬互助组织的互助方式有两种。一种方式是参加组织的会员需要缴纳会费,丧葬互助组织用会费放贷产生利息,会费和利息支付会员的丧葬费用。以济南农村为例,济南农村的福寿会、白袍会除农民自己组织外,还有由商家牵头组织。会员入会年纳会金10元,会员中有父母去世者,则可得会金120元为治丧费用。如果丧事多则由商家预付,如无丧事时则由商家用款生息。❶另一种方式是会员家中出现丧事时,全体会员需要出钱、出物和出力。如广西农村寿老会等丧葬互助组织,当会员中某人的父亲或母亲去世的时候,其余会员每人应助银1元、米30斤、柴1担(各项数量均由大家决定)给有丧事的会员,且在出殡的时候,其他会员都要帮同料理一切。❷陕西洛南县的孝义会规定:"一户有丧事,其余各会员均送火纸1斤,大米4升,煤炭80斤,豆腐4斤。"❸广大农村除上述专门的丧葬互助组织外,还有大量的合作互助组织,提供包括红白喜事等多项互助服务,如红白会、百米会、同济会等。通过上述材料可以总结出民国时期内陆农村丧葬合作组织具备如下特点:一是分布地区广,全国各省基本都有,参与的农户非常多;二是参与丧葬互助组织者绝大多数为贫困的农民,由于经济困难,他们需要这种互助组织来帮助承担丧事的费用;三是丧葬互助组织可以在财力和人力上给予会员一定的帮助。由于广大农村的"熟人社会",人们之间信

---

❶ 徐畅:《近代中国农村的丧葬互助组织》,《民俗研究》,1999年第2期。
❷ 李纪如:《广西农村中固有合作的调查》,《民国时期社会调查丛编(二编)·社会组织卷》,福建教育出版社,2014。
❸ 樊自升:《鱼池村的"孝义会"》,《洛南文史》第四辑,陕西省洛南县委员会文史资料研究委员会出版,1988。

任感较深，对通过合作方式得到帮助有信心，因而农村丧葬互助组织能够存在较长时间。丧葬互助组织虽然不能从根本上解决农民的经济问题，但正是这种"合作互助"和"守望相助"，才使广大农民能够顺利举办丧事又能维持正常生活，可谓是助人的善举。

9.2.3.2 城市带有慈善色彩的会馆、公所、善会、善堂

城市的殡葬组织一类是指会馆、公所、善会、善堂。为了维护利益、联络感情，我国很多的地区和城市自明清时就有商会设置的同乡会馆和公所。由于中国人落叶归根、安土重迁的心理，因此同乡会馆还承担着让同乡死后无忧，将灵柩运送回故里的重要使命。民国时期的会馆和公所同样如此，但是收费较少，在城市社会的殡葬服务方面继续发挥作用。如著名的上海四明公所，在1797年成立时被称为"四明殡所"，为旅沪之甬人"谋所以安旅梓者"。《上海四明公所章程》中就有以"建丙舍、置义冢、归旅梓、设医院等诸善举"为宗旨，章程对"寄柩""赊材售材"都有专章进行详细规定。❶ 北京的福建泉郡会馆义地，截止到1937年，"明清两代迄今大小坟墓，计百余冢"❷。据统计，很多城市的会馆和公所几乎都设立丙舍或辟地建义冢。从《公议堂中规条》中可以看到，徽宁会馆就灵柩存放等事项作了几方面的规定：进堂——丧家将棺木送到会馆，符合条件者方可进堂，进堂时须缴纳进堂费；安置——符合进堂条件的棺木需要分类编号以进行管理；出堂——丧家妥善安排好移棺、落丧事宜后便来会馆领取亲人棺木，出堂时须缴纳出堂费；埋棺——有一些棺木过薄容易腐烂，会对环境卫生造成影响，所以会馆对棺木的规格也有要求，凡薄板四块及松板棺随到随埋。辟义冢埋葬薄棺及丧家无力取回的棺木，进行严格管理。另外，为了避免积柩过多和占地过多，各会馆也对停柩时间作了明确的规定，多以两到三年为限。如上海山东会馆规定停葬"限以两年，多至三年"，关中湖广会馆义园的停柩时间则以三年为期。会馆、公所开展的丧葬事务，满足了同乡的丧家们寄柩、临时埋葬、运柩的需求，且各会馆、公所都对丧葬事务有较为明确的规条和规章，因而更为专业化。

除会馆和公所外，城市中还有由乡绅富贾集资筹建的善会和善堂，从事一些以施棺、义葬为目的的慈善活动，即为贫苦者免费提供棺木或预先代支付棺木费，同时也有免费的丙舍和义冢。如上海的同仁辅元堂、宁波的体仁局和同善会、湖

---

❶ 彭泽益：《上海四明公所章程》，《中国工商行会史料集》，中华书局，1995。
❷ 李金龙、孙兴亚：《福建泉郡会馆记》，《北京会馆资料集成》，学苑出版社，2007。

南的同仁会等。这些善堂和善会，在丧葬上对当地的贫苦对象给予了帮助。如宁波的体仁局仅1921年便"舍大材三十七具，每具工料费洋三元七角五分"，并为一时无地安葬的贫民设寄柩所三处。上海同仁辅元堂在抗战胜利后，于1947年9月"费去两亿余元之巨款，将厝棺两千余具全数移葬于北新泾自有空地"。善堂、善会在帮助贫家丧殓方面作出了很多的努力，不仅提供免费的棺木和公墓，还开设赊棺服务、收殓露尸等公益行为，也为保护环境做出一定的贡献，在丧葬业中起到了重要的作用。

9.2.3.3 专业殡葬服务机构

会馆、公所、善会、善堂等的服务内容很多，丧葬服务只是其中的一部分。随着社会的发展，在城市中除传统的杠房和寺庙外，公墓和殡仪馆等专业殡葬服务机构开始出现并逐步为民众所接受。

（1）杠房和寺庙

杠房是我国传统的丧葬服务机构，主要是承办民众的丧葬事宜。民国时期由于社会动荡、战争频发，城市人口剧增，杠房业迅速发展。以北京为例，北京杠房不仅数量多，还根据规模和服务能力形成自身的服务特色，针对特定服务群体开展服务。如北京新桥东路北的义茂杠房以承办富商丧事出名，崇文门外石板胡同的天成杠房以承办回民丧事为主。有的杠房则以承办过名人丧事而闻名，如位于灯市口的永利杠房因承办皇亲国戚的丧礼而出名，西长安街西口的日升杠房则以承办孙中山奉安大典而出名。当然也有专门承办平民丧事的杠房。杠房除提供民众的出丧服务外，还出售如棺椁、丧服、纸扎等丧葬用品，以及出租殡葬设备，如官罩、日照伞、锣鼓等。民国时期各地杠房发展迅速，天津解放前达百余家，其他城市大多如此，因此，杠房是承担着民众丧葬服务的主要机构，有些杠房在解放后经政府批准转变为殡仪馆。

寺庙提供的丧葬服务主要是停灵。如孙中山逝世后停灵于碧云寺四年，李大钊就义后其灵柩在浙寺停灵六年。除停灵外，寺庙还提供一整套的殡葬服务，主要承接一些丧者为非正常死亡或年龄小而不宜在家里举办的丧事。据统计，截止到1949年，北京寺庙停灵棺椁达3665具。由于北京有些寺庙提供的丧事服务较为完备，得到民众的认可度高，因此北京解放后曾有几个寺庙被政府批准正式成为殡仪馆。❶

---

❶ 周吉平：《北京殡葬史话》，北京燕山出版社，2002。

(2) 公墓

中国最早的公墓出现在上海,即山东路公墓,安葬在华逝世的外国人,后陆续又开办几处公墓,但均是为安葬外国人而建。公墓的建立是我国近代殡葬业的开端,国民政府把公墓作为改变传统丧葬习俗的重要手段而大力推进。先后颁布《公墓条例》和《公墓暂行条例》,规定了公墓建设和管理运营的具体事项,敦促各地兴建公墓。按照政府规定,国有和私营墓地均分为免费区和收费区,要求"设置公墓得依墓基等次征收租金,以后每隔二十年征收一次,但不得超过第一次金额的二十分之一。墓基租金数额应予为订定,呈经省政府核准,准咨内政部备案。团体或一姓宗族或个人设置的公墓征收墓基租金数额应报由市县政府核准"❶。从1940年开始,受战争的影响,我国国有、私营公墓建设进展很快,规模大的公墓多有礼堂,可以提供召开追悼会和举办筵席等附加服务。随着公墓服务质量的提升,社会认可度也在不断提高,民众对此逐步认可和接受。

(3) 殡仪馆

殡仪馆是民国时期专业殡葬组织的代表,它集合了殡舍、礼堂的功能于一身,体现出现代营利性殡葬组织的特征。殡仪馆的出现与国民政府推动文明丧葬有关,更是我国城市发展、城市服务业需求增长的体现,标志着我国殡葬服务的专业化。殡仪馆多出现在大城市,如上海、武汉、长沙、苏州等,其中上海的殡仪馆最为发达。殡仪馆专供人办理丧事,如殡殓、家奠、领帖、发引等,且事先照理均由馆内派医生进行遗体消毒。又如遇有特殊事故,须延期殡殓者,馆内亦可以代办防腐手术,使遗体不至于腐烂发臭。有的殡仪馆还兼营寿衣、寿器业务,这是近代殡葬行业中最重要的组成部分。我国第一家殡仪馆出现于19世纪末的上海,叫"松茂洋行",专理外侨殡殓。1924年,外侨开办的上海著名殡仪馆——万国殡仪馆成立,能够承担汽车接尸、整理仪容、着衣成殓、中西棺柩出售、联系墓穴、定制碑牌、申请火葬、代领骨灰等业务。代请和尚、尼姑、道士做佛事,以及扎纸、结彩、挂堂幔、代办客饭、寄存灵柩和骨灰等一切事务全套代办,不需要丧家费心。一时生意兴隆,应接不暇。❷很多军政要人、社会名流的丧事多在此办理,如招商总局总办赵铁桥大殓、宋太夫人丧礼、鲁迅丧礼、阮玲玉丧礼等。1932年11月,中国人在上海开办的第一家殡仪馆——中国殡仪馆

---

❶《公墓条例》,转引自谢世诚、伍野春、华国梁《民国时期公墓制的创建与演变》,《民国档案》,1995年第二期。

❷ 顾伯平:《上海殡仪馆的兴衰》,《殡葬文化研究》,2001年第2期。

成立,随后上海殡仪馆、中央殡仪馆相继成立。为了加强对殡仪馆的管理,1933年上海市政府颁布《上海市管理殡仪馆规则》,管理规则涉及殡仪馆的注册、建造、营业、内部设备和卫生防疫等多个方面,是民国时期较为完备的殡仪馆地方性法规。殡仪馆的出现,为城市民众提供了全面、快捷、文明、专业的殡葬服务,受到社会各界的关注与认可。以鲁迅先生葬礼为例,鲁迅于1936年10月19日去世后,遗体即由万国殡仪馆即派灵车迎入馆内,在馆化妆小殓,馆内布置礼堂以供告别瞻仰,10月22日起灵出殡到万国公墓,在纪念堂前举行葬礼进行安葬。整个过程殡仪馆承担了接运遗体、整理仪容、小殓、大殓、停灵吊唁、灵车出殡等殡葬礼仪中的绝大部分环节。

抗日战争全面爆发后,上海沦为孤岛,租界内难民不断涌入,生活条件与卫生条件堪忧,死亡人口增加。受客观条件的限制,越来越多的人选择殡仪馆帮助殡殓。因此,上海殡仪馆和寄柩所纷纷成立,从1938年至1943年就成立近20家,且纷纷在报上刊登广告推介,民众习以为常。同期,由于战争的爆发,南京、武汉等大城市殡仪馆数量也在不断增长。可以说,战争的持续产生了社会的巨大需求,同时民众殡葬习俗向现代化的迅速转变使抗战胜利后各大城市的殡仪馆数量激增,城市殡葬业进入了繁荣发展时期。

(4) 火葬场

火葬在我国有着悠久的历史,但是火葬多是作为一种区域性、民族性、宗教性的习俗。各地承接丧葬事宜的寺庙是主要的火化场所之一,设有化身窑,作火化遗体之用。随着西方文化的进入,火葬场作为一种专门用来焚化遗体的殡葬服务设施,开始出现在晚清的租界。1898年,上海出现第一家火葬场,位于静安寺公墓,主要用来火化西方国家的侨民,后亦承担焚化无主的露尸。1927年,上海的静安寺公墓安装了上海第一台煤气火葬炉。这里成为上海第一处现代意义的火葬场。进入民国时期,特别是随着抗日战争的进行,日本人侵略的地区(如长春、沈阳)开始出现火葬场,主要用以焚化死在中国的日本军人和侨民。南京国民政府也陆续建设了几个火葬场,如1929年6月建立的武汉市罐子湖火葬场,内有火葬炉7座(其中双炉3座、单炉4座),该火葬场自1929年11月至1930年10月共火化遗体1412具❶。这应该是南京国民政府成立之后较早建立的火葬场之一。抗日战争后,由于战争造成大量民众死亡,南京国民政府开始研讨推行

---

❶ 武汉民政志编纂办公室:《武汉民政 志稿(1840—1985)》,武汉大学出版社,1987。

火葬的必要性，但是并未推行实施。在上海的部分公墓附设的火葬场却一直未曾停止过火化业务，并且出于公共安全的考虑，有关部门对火葬采取了一系列的规范措施。以上海静安寺公墓火葬场为例，当有火化需要时，申请人须先行填具上海市卫生局专门印制的火葬申请书，连同医师签署的死亡证明书送呈上海地方法院检察处申请验尸。经检察官检验并在火葬申请书背后签字批准后，再将申请书连同死亡证明书一并送呈卫生局，在缴纳相关费用后方可举行火葬。此外，申请火葬先需约定日期，然后按照时间将遗体送往火葬场火化。❶

根据上海市档案馆所藏的一份上海市卫生局关于上海市立公墓火葬场之火葬、土葬人数统计表可知，上海市卫生局曾对1949年市立公墓火葬场和露尸的土葬、火葬情形进行过认真统计。相关数据显示，火化最多的为华籍露尸，有22669具，而主动申请到火葬场火化的一般民众，全年才仅有552人。由此可以看出，民国时期的火葬在国内大城市存在情形之一斑，可见民国政府时期火葬并未能够大范围地开展起来。因此，在中华人民共和国成立之前，除了上海、长春、沈阳、北京、武汉等城市之外，火葬场在其他城市中应并不多见。

9.2.3.4 殡葬行业组织的出现

民国时期，在一些大城市殡葬业成为一种社会服务行业，提供殡葬服务的组织日益增多，相应的行业组织也开始出现。从上海殡葬行业组织的发展就可以看出殡葬业在逐步整顿、有序发展，推行规范化管理。1930年以后，上海殡仪馆纷纷成立，促进了殡葬行业组织在上海的出现。行业组织的出现，既说明了殡葬业的繁荣，同时也是为了配合政府的管理。1942年12月，上海特别市殡仪寄柩业同业公会成立。出席成立大会的有上海市各殡仪馆、寄柩所的代表，以及上海特别市社会运动指导委员会、上海特别市社会局与上海特别市商会代表。大会的议程主要是讨论、修正和通过同业公会章程，选举同业公会的理事和监事。1945年4月，殡仪寄柩业同业公会改组为上海市殡仪寄柩运葬业同业公会。公会会员按业务性质分为殡仪、寄柩、运柩、公墓、火葬五种，也代办一切丧葬用品。殡仪寄柩业同业公会阐述建立目的时写道："我同业为适应战时体制，协助政府施行经济政策计，特于去年组织殡仪寄柩业同业公会，并因加强力量，本会组织以

---

❶ 上海市同业公会：《上海市立各公墓火葬场管理规则共十七条》，上海市档案馆藏，档案号S440-1-16-11。

殡仪馆、寄柩所、公所、会馆及社、堂等为本位。"❶ 可见同业公会活动可以概括为两个方面：一是增进同业之间的公共利益；二是协助当局实施经济政策。同业公会的成立在物价极不稳定的情况下最大限度地保障了殡葬同业的利益。殡仪寄柩运葬业同业公会在政府的监管下，发挥了一定的作用，维护了会员的正常营业。它的成立也表明殡葬行业作为专业行业在社会上出现并被认可和接受。

小 结

民国时期是中国由传统社会向现代社会转型的一个特殊时期。现代文明的兴起、传统文化的延续、地区发展之间的差异使民国时期的殡葬行为新旧糅杂、特色鲜明。由于受社会政治变化、经济发展、西方文明传播、社会生活动荡等因素的影响，并在民国政府推动丧葬习俗变革的努力下，民众的殡葬观念和丧葬习俗在形式和内容上都产生了一些变化，既有广大内陆农村地区传统的丧葬习俗的延续，又有城市和沿海地区的新丧葬仪式的兴起。丧葬习俗改革体现为：一是丧葬习俗中迷信色彩有所淡化；二是鞠躬礼和黑纱白花逐渐为大部分人所接受；三是殡仪馆、公墓、火葬场等专业殡葬机构在城市逐步兴起，承担起民众的丧葬服务；四是国葬、公葬、追悼会被政府积极推行，起到了正面的教化作用。民国时期这些积极的举措为进一步进行丧葬习俗改革奠定了基础。

【知识拓展】

鲁迅葬礼

民国时期是中国由传统社会向现代社会转型的一个特殊时期。现代文明的兴起、传统文化的延续、地区发展之间的差异使民国时期的殡葬行为新旧糅杂、特色鲜明。虽然花圈、追悼会、黑纱等在中国人葬礼中出现，但是多为点缀，无论是北京还是全国其他地方，对新式葬礼都极少行之，连一些著名人物如袁世凯、吴佩孚等人的葬礼也是新旧糅杂。但是仍然有思想先进的人士在殡葬方面大力推崇新式葬礼，并在身故后采用。鲁迅就是其中之一，他的丧葬礼仪较为完整地体现了现代都市葬礼，显示出新知识阶层在思想观念上的求新和对现代文明的向往。

鲁迅于1936年10月19日病逝于上海。逝世后，其遗体于当日下午三时由

---

❶ 上海市同业公会：《上海市殡仪寄柩运葬业同业公会报请经济局会场会馆公所等加入公会的有关文书和历年的会员名册及非会员同业名单等》，上海市档案馆藏，档案号 S440-1-12。

万国殡仪馆派柩车往迎。遗体运到万国殡仪馆后，在殡仪馆化妆小殓，停置于二楼礼堂内。沈钧儒、李公朴等人士纷纷前去吊唁。随即成立由蔡元培、马相伯、宋庆龄、内山完造、史沫特莱、沈钧儒、茅盾、萧三等组成的治丧委员会，办理有关丧礼的一切事宜，并向社会各界发出讣告：

鲁迅（周树人）先生，于一九三六年十月十九日上午五时廿五分，病卒于上海寓所，享年五十六岁，即日移置万国殡仪馆，由二十日上午十时至下午五时为各界人士瞻仰遗容时间。依先生遗言，"不得因为丧事收受任何人的一文钱"，除祭奠和表示哀悼的挽词花圈外，谢绝一切金钱上的赠送。谨此讣闻。

10月20日，社会各界人士前往万国殡仪馆进行悼念，礼堂布置花草松柏，十几个大花圈放在鲁迅先生遗体旁，鲁迅遗体放置于床上。10月21日下午举行大殓，许广平、周海婴母子、周建人夫妇，以及治丧委员会的宋庆龄、胡愈之、内山完造等30余人，在姚莘农的主持下，行三鞠躬礼。10月22日下午起灵出殡前，鲁迅家属、治丧委员会成员及亲友，全体肃立静默，行三鞠躬礼，由司事将棺盖严封，礼成绕棺一周。随后灵柩移置柩车内，送殡行列长达里许，前导为由蒋牧良、欧阳山掌执的额题"鲁迅先生殡仪"的白布横旗，紧随其后的是乐队、挽联队、花圈队、歌咏队、遗像车、灵车和遗属。步行约三小时，于下午四点半抵达万国公墓，在纪念堂前举行葬仪：乐队奏乐，蔡元培致辞，沈钧儒报告鲁迅事略，宋庆龄、内山完造等发表演说，胡愈之读哀词，最后大家敬礼，静默致哀，唱挽歌，葬仪完成。最后将棺椁放入穴内，石板盖上，全体敬礼散去。

由此可见，从殡仪馆到公墓，鲁迅葬礼较为完整地呈现了葬礼的现代形式。

思考与练习

1. 简述民国时期殡葬观念发生的变化。
2. 简述民国时期新的丧葬形式。

模块10
1949年至今的殡葬改革

> **学习目标**
>
> 通过本模块学习，了解社会主义社会殡葬改革的历程，认识殡葬改革取得的成效，思考社会主义社会殡葬改革存在的问题。

10.1 殡葬改革的发展历程

我国的殡葬改革已走过了70余年的风雨历程。在此期间，党和国家积极倡导殡葬改革，号召、动员党员干部带头实行火葬。各级政府从实际出发，因地因人（民族、宗教、地区）制宜，制定政策法规，依法管理殡葬事务，积极兴建殡葬服务设施，完善服务网络，提高服务水平，促进了殡葬改革由倡导、酝酿、起步、发展逐步走向深入。

10.1.1 殡葬改革的倡导与实践（1949年至1979年）

10.1.1.1 倡导实行火葬

中华人民共和国成立初期，中国共产党及当时国家领导人倡导"移风易俗，改造中国"的思想，我国随即逐渐开始进行殡葬改革工作。1956年，在党和国家领导人牵头倡导实行火葬后，我国的一些大中城市开始了火葬场的初期建设工作。1965年，国家内务部制定并下发了《关于殡葬改革工作的意见》，意见指出要在全国范围内搞好殡葬改革的宣传工作，完善各地区火葬场的基础设施建设，加快实施土葬改革，大力推行火葬。从整体来说，这一阶段我国东部及中部地区的殡葬基础设施建设较早、发展较快，西部地区相对于中东部地区则基础设施建设较晚、发展较慢。

基于千百年的历史文化沉淀和根深蒂固的传统殡葬习俗的影响,我国的殡葬改革工作一直坚持积极稳妥、循序渐进的原则,在推行遗体火化上,实行先倡导后推行、先党内后党外、先干部后群众、从城市到农村的方针。这一时期,主要采取了以下措施。

第一,坚持正面宣传教育,把握舆论导向。一是大力宣传社会主义思想,反对封建迷信;二是大力宣传党和国家领导人倡议实行火葬的主张;三是号召共产党员带头简办丧事,实行火葬;四是提倡国家干部职工实行火葬;五是宣传党政军高级干部逝世后丧事简办的事迹;六是宣传群众自觉实行科学、文明、节俭办理丧事的先进典型和殡改工作先进单位、先进个人的事迹。通过宣传,提高了干部群众觉悟,使火葬这一遗体处理形式逐渐被人们接受。

第二,建设殡葬服务设施。20世纪50年代后期,国家内务部先后拨出专款在人口密集、国家职工较多、群众思想文化素质相对较高的大中城市兴建火葬场、殡仪馆。全国各地在当地党政领导的重视下,积极筹建火葬场。20世纪60年代中期以后,火葬场在全国各地陆续建立起来。到20世纪80年代初期,全国中等以上城市和约1/3的县基本建立了火葬场。殡葬服务设施的建立,为推行火葬奠定了物质、技术条件,全国各地的火化率逐年增加。

第三,有步骤地、积极稳妥地实行以推行火葬、改革土葬和改革丧葬习俗为中心的殡葬改革工作。国家内务部于1965年制定并下发了《关于殡葬改革工作的意见》,要求全国各地在大力推行火葬、搞好宣传教育、建好火葬场的基础上,积极推行土葬改革,禁止城市郊区出卖墓穴和兴建豪华墓、等级墓、活人墓、封建式陵园。改革旧的殡葬习俗,要求教育群众以开追悼会、佩黑纱、献花圈的办丧方式代替打醮念经、焚香摆供、披麻戴孝等落后的习俗。《关于殡葬改革工作的意见》出台后,全国各地加快了城市推行火葬工作的步伐,整顿、规范了城市土葬秩序。在农村,教育动员群众实行移风易俗、平坟扩耕、开荒种地,掀起了轰轰烈烈的平坟还耕还田运动。至20世纪60年代末,全国各地几乎平掉了所有宗族墓地、棺山老坟和乱坟岗。《关于殡葬改革工作的意见》所倡导的开追悼会、佩黑纱、献花圈等新式祭奠礼仪,逐渐为广大干部、职工和人民群众所接受,并形成新的殡葬习俗,为破千年旧俗、树一代新风起到了至关重要的作用。

第四,辅以行政的、经济的等多种手段,鼓励群众实行殡葬改革。如对实行火葬的逝者家属子女在入党招干、参工参军、升学,以及发放抚恤金、困难补助金等方面实行优惠政策。

到1979年，全国的殡葬改革一直呈现良好的发展势头。主要表现为：年火化遗体数量直线上升，85%以上的大中城市、30%以上的县推行了火葬；在建有火葬场的地区，城市火化率一般在60%以上，有的城市高达90%；农村火化工作也取得了较大的进展。据统计，全国各地的火葬场1979年火化遗体数量达到了102125具。在土葬改革方面，禁绝了群体性的封建陵园、宗族墓群和个体豪墓。在丧葬礼俗方面，宣传了移风易俗，逐步建立、推广、普及了文明、健康、俭朴的祭悼程序，基本消除了明目张胆的封建迷信活动，扼制了繁缛奢靡的旧丧葬礼俗，殡葬改革工作初见成效。

10.1.1.2 火葬场、殡仪馆的兴起和发展

火葬场、殡仪馆是殡葬服务的主要设施（在推行火葬初期建立的火化服务设施均称为火葬场，1986年后统一改名为殡仪馆）。殡葬服务设施是专门为办理丧事提供公益服务的场所，是实行殡葬改革的物质条件。其任务是进行遗体处理，提供祭奠礼仪服务和丧葬用品等多种殡葬服务。

1956年党和国家领导人签名倡导实行火葬后，国家开始在一些大中城市兴建火葬场。当时由于社会经济、技术和物质条件都比较落后，政府财政较为困难，一般都采取因陋就简、低成本、土法上马的办法，全国绝大部分火葬场都是以"5个人、5亩地、5万元钱"或"8个人、8亩地、8万元钱"兴建的，这类火葬场被戏称为"三五场"或"三八场"。火葬设备大都采用燃煤炉、高烟囱，并且火葬的技术水平低，卫生条件差，污染严重，火化时间长，劳动强度大。从业人员大都是经改造的旧社会下层的贫苦杠业人员、招收的农民和少数复退军人。在管理体制上，火葬场、殡仪馆是民政部门直接领导和管理的殡葬事业单位，人、财、物和业务运作权集中在民政部门，实行的是计划经济体制下的行政计划、命令式管理，职工工资和业务经费由政府拨给，内无利益驱动，外无竞争压力。

1966年以前，全国共兴办不同规模的火葬场、殡仪馆87个；1966年至1978年，全国火葬场增加到1223个。除省会和传统大城市外，一些县、市也陆续建立了火葬场。"文革"结束后，随着殡葬改革工作力度的加大，殡葬事业不断发展，全国火葬场的数量不断递增。据民政部计划财务司编写的《民政统计历史资料汇编》（1993年版）的统计，1979年全国有殡仪馆（火葬场）1608个，从业人员17753人，专用车辆2132辆，火化炉2300台，年火化遗体1021257

具，固定资产原值达 19296 万元。这一时期总的来看，中、东部平原和丘陵地区的火葬场兴建较早、发展较快，西部地区和山区兴建较晚、发展较慢。

10.1.2　殡葬改革在曲折中发展（1980 年至 1984 年）

10.1.2.1　殡葬改革进程中的阻力

1978 年，党的十一届三中全会拨乱反正，彻底结束了"文革"十年的动乱，标志着中国进入社会主义现代化建设的历史新时期。但由于思想文化上的极左思潮和改革开放初期资产阶级自由化思潮的影响，人们对殡葬改革的认识产生了困惑，导致殡葬改革出现"滑坡"。主要表现在以下三个方面。

一是已经推行火葬的地区土葬回升，火化率下降。据不完全统计，1979 年全国火化尸体约 102 万具，比 1978 年下降约 13％；1980 年全国火化尸体约 98 万具，比 1978 年下降约 16％。农村尤为严重，有些县火化率下降了 50％以上，少数火葬场一年只火化几具尸体。许多农村不仅出现了一批新坟，已平掉的旧坟又重新堆起来了。在经济发展较快的地方，出现了重建祖墓、恢复宗族墓地的势头，一些农业合作社和农民以发展副业为名，向城里人高价出售土地修建墓穴。

二是旧的丧葬习俗重新抬头。为逝去亲人烧纸扎的活动遍及城乡，物品涵盖衣食住行。有的地方干部去世滥发讣告，大宴宾客，大操大办，挥霍资财，讲排场、摆阔气，追悼会越开越大，造成极坏的影响。

三是火葬场、殡仪馆陷入困境。由于火化率下降和火葬场内部管理不善，全国许多火葬场、殡仪馆严重亏损。

10.1.2.2　进一步明确殡葬改革方向

1981 年 12 月，民政部召开了全国殡葬改革工作会议，会上发布了题为《进一步加强殡葬管理工作，为建设社会主义精神文明而努力》的主题报告。会议肯定了殡葬改革 20 多年的成绩，分析了当时殡葬改革工作面临的严峻形势和导致殡葬改革工作停滞的原因，提出了"坚持殡葬改革工作方向，整顿火葬场，改革土葬和旧的丧葬习俗，大力宣传教育鼓励群众改革，加强领导切实做好殡葬改革工作"五项措施。会议强调，必须坚持殡葬改革方向，走群众路线，提高群众殡葬改革觉悟，各级政府要加强对殡葬改革工作的领导，党员和干部要在殡葬改革工作中起模范带头作用。

1982年2月23日，国务院批转民政部《关于进一步加强殡葬改革工作的报告》，要求各级政府坚持殡葬改革方针，制定切实可行的措施，切实加强对殡葬改革工作的领导；各级干部要以身作则，引导广大群众移风易俗，敢于同不良现象作斗争；要求报刊、广播、电影、电视等媒体，积极宣传殡葬改革的重要意义，努力形成良好的社会舆论，使人民群众自觉地实行殡葬改革。会后，各级政府积极贯彻落实会议精神和国务院批转的报告，大力开展殡葬改革宣传教育工作，动员党员干部带头火葬，出台了实行火葬的鼓励措施。有的地方指导群众办起丧葬服务组织，有的地方引导群众制定乡规民约、居规民约，把移风易俗、推行殡改写入其中。大多数地方直接采用行政和经济手段，制止占用耕地良田的乱埋滥葬现象。

1982年，形势有了明显好转，在26个省、自治区和直辖市中有21个省的火化率比1981年上升了5个百分点，有些地方已恢复或超过了历史最高水平。在没有火葬场的地方，也开始着手对土葬进行改革，很多地方已制止了乱占耕地的乱埋滥葬现象。移风易俗、文明节俭办丧事的新风尚更加深入人心。特别是1983年12月中共中央办公厅《转发民政部党组〈关于共产党员应简办丧事、带头实行火葬的报告〉的通知》，把殡葬改革提到"既是社会主义精神文明建设的一项内容，又是社会主义物质文明建设的一个方面"的高度认识，要求共产党员带头实行火葬，简办丧事，对干扰殡葬改革、违反规定的要给予查处。

10.1.2.3 火葬场、殡仪馆在困境中逐步发展

国家投资建设殡葬服务设施，设置火葬场、殡仪馆等殡葬事业单位并进行管理营运，收取殡葬服务费用以维持其营运。1983年，全国建成的火葬场、殡仪馆总数已达824个，正式职工17521人，专用车辆2324辆，火化炉2622台，年末固定资产29660万元，年末流动资金占用额为1801万元。殡葬行业是特殊行业，属于社会公共服务设施，具有公益性的性质，国家确定其收费原则是保本微利，不以营利为目的。但是有些火葬场、殡仪馆管理不善，业务支出超过了行业平均支出水平，所收取的费用不足以弥补管理和业务支出，亏损严重。1978年全国殡仪馆总收入2732万元，总支出3946万元，各级政府补贴达1214万元。1979年政府补贴2200多万元，1980年政府补贴3250多万元，平均每个火葬场一年要补贴2万元，多的达到4万~5万元。

为了改变殡葬事业单位建设与管理工作滞后、亏损严重的被动局面，民政部在1981年召开的全国殡葬工作会议上作出了"认真整顿火葬场，改善经营管理"

的决定。整顿的目的是充分发挥现有人员、设备的作用,提高火化率;整顿的要求是配好班子,建好队伍,建立岗位责任制、经营包干制、定期评比表彰等制度。对条件差、经营不善的火葬场要求"把人员精简到最低限度","因地制宜,搞点副业生产,以增加收入"。1981年开始的整顿工作,加强了火葬场的内部管理,使火葬场开源节流,改善设施设备,经营上自救自给,提高服务质量,收到了一定成效。全国经营自给的火葬场从1980年的115个增加到1982年的169个,国家补贴从1980年的3254万元降到1982年的2450万元。

1983年12月15日至20日,民政部在山东省潍坊市召开了全国殡葬工作经验交流会。这次会议以《中共中央关于经济体制改革的决定》为指导,按照"责、权、利相结合,国家、集体、个人利益相统一,职工劳动所得与劳动成果相联系"的方针,确定了在殡葬事业单位实行承包经营责任制改革,第一次明确提出了"殡葬事业单位的经营管理既要讲社会效益,又要讲经济效益,经济上实行独立核算"的要求。承包经营责任制方式灵活,大到整馆承包,小到班组承包。承包通过确定考核办法、确定火化尸体数量、确定收入盈亏数额、确定结余或减亏分成的办法,打破了旧的行政管理模式,突破了僵硬的劳动用工制度和分配制度,极大地调动了火葬场、殡仪馆的领导和职工的积极性、创造性。

1984年民政部又颁发了《殡葬职工守则》,进一步规范了殡仪服务行为。全国殡葬行业积极推行承包经营责任制的改革,加强了殡葬事业单位的内部管理,降低成本,增收节支,积极创造和改善火化条件,努力提高服务质量,使火葬场、殡仪馆出现了前所未有的发展局面。1985年,全国火葬场、殡仪馆的数量比1980年减少537个,职工总数减少30名,固定资产原值却增加了16131万元。其中专用车辆增加了592辆,火化炉增加了219台,年末流动资金占用额增加了823万元,全年殡葬服务收入从不足3000万元增加到9346万元,火化遗体具数净增565333具,达到1552028具。

10.1.3 殡葬改革向规范化、法制化方向发展(1985年至1996年)

10.1.3.1 殡葬改革工作跨上新台阶

1985年,国务院发布了《关于殡葬管理的暂行规定》,第一次以法规的形式对殡葬改革和殡葬事务管理作出了规定,要求各地根据人口、耕地和交通的实际情况划分实行火葬的区域,在实行火葬的区域一律实行遗体火化。在土葬改革区，要求利用荒山瘠地建立集体公墓，实行平地深埋，不留坟头，植树造林，搞好绿化。全国各级政府和民政部门认真研究贯彻执行《关于殡葬管理的暂行规定》，并结合本地实际制定了实施办法、细则，或以政府的名义出台规范性文件。到1988年底，有22个省、自治区和直辖市的人民政府发布了殡葬管理实施办法，全国有1/3的县、市发布了殡葬管理的公告、通知、通告或实施细则。山东、江苏、辽宁、吉林、四川等省推行火葬工作有了较大的突破，火化率和火化遗体数量迅速提高，推动了全国殡葬改革的发展。1985年全国火化尸体150多万具，1987年为162多万具，较1981年翻了一番，平均火化率达到27%。到1990年突破200万具，1991年为210多万具，1992年为240多万具。

10.1.3.2　殡葬事业逐步进入规范化建设新时期

从1981年的火葬场整顿到1983年开始推行承包经营责任制，火葬场、殡仪馆逐步走上了良性发展的道路，殡葬服务站、公墓等殡葬服务机构也在一些未建殡仪馆、火葬场的县（市、区）建立起来。随着殡葬改革的深入，火化率不断提高，火葬场、殡仪馆的业务量逐渐增大，大多数的火葬场、殡仪馆利用场馆的积累，开始进行小规模的殡葬设备设施改造。殡葬事业单位结合本单位实际进一步加强了硬、软件建设，殡葬管理水平和服务质量逐渐提高。随着社会经济的发展，各级政府和民政部门为适应殡葬事业发展的客观要求，把殡仪馆建设作为当地社会事业发展计划纳入重要的议事日程，逐步加大资金投入，使各地殡仪馆的面貌发生了很大的变化。到1990年，全国殡仪馆已发展到1260个，从业人员20252人，殡仪车辆3246辆，火化炉2795台，年火化尸体2012713具，固定资产达58402万元，年事业性服务收入32605万元。

1990年3月，民政部办公厅发出《关于印发〈殡仪馆等级标准（试行）〉〈殡仪馆等级评定办法〉的通知》后，全国殡葬行业开展了等级殡仪馆的达标争创活动。各地政府和民政部门根据民政部《殡仪馆等级标准》对殡仪馆的规划、选址、建筑、环境、绿化、美化、设备设施、职工队伍、领导班子、经营管理、服务质量、社会和经济效益等方面的具体要求，纷纷加大投入，对殡仪馆进行全面的迁建、扩建和改造。广东省从1990年到1999年共投入2.7亿元改造殡仪馆，全省新购置高档火化机40台，不同档次的殡仪车86辆，冷藏设备29套。广州市殡仪馆占地267亩，投资就达2.1亿元。四川省在20世纪90年代有1/3的殡仪馆进入了基础设施改建阶段。哈尔滨市殡仪馆"九五"期间已投入1亿多元，拟在"十五"期间再投资2亿元。贵阳市殡仪馆投资6000多万元，兰州市殡仪馆投资 2000 多万元，沈阳市东陵殡仪馆投资 2800 多万元，就连久负盛名的北京八宝山殡仪馆也投资 4000 多万元新建了新仪式楼。到 2002 年初，全国共建成国家等级殡仪馆 294 个，其中一级馆 42 个、二级馆 117 个、三级馆 135 个。

1993 年 11 月，民政部、劳动部发出《关于颁发〈民政行业工人技术等级标准〉的通知》，规定了殡仪技术工人等级标准，更进一步推动了殡仪馆的正规化建设。

10.1.3.3 殡葬习俗改革工作持续推进

国务院《关于殡葬管理的暂行规定》的颁布实行，也加快了土葬和丧葬习俗的改革。在城镇开展了以建设公墓（也称经营性公墓）向社会提供有偿性质的骨灰安葬服务为手段，积极探索推进城镇骨灰集中处理和文明祭祀的丧葬方式。自 20 世纪 90 年代以来，全国公墓进入了大发展时期。各地按照国务院批准的民政部《关于加强公墓管理的报告》和《公墓管理暂行办法》的要求，本着"因地制宜、合理规划、正确引导、加强管理"的原则，采取多种经营管理模式，推动了公墓的发展。后由于公墓管理上一度出现乱建乱建的现象，各级政府和民政部门及时采取措施，清理整顿予以规范。截至 20 世纪末，全国建立公墓 1000 多个，中外合资合作公墓 40 多个。

在农村土葬改革区，通过总结人民群众在移风易俗、破旧立新中产生的经验，探索了红白事理事会在引导群众移风易俗和文明办丧事中自我服务、自我管理、自我教育的丧葬习俗改革新方式，推广了建立农村集体公益性墓地，实行集中埋葬、集中管理、节俭安葬的方式。最具代表性的是河北省沧州市农村红白事理事会，该组织的出现引发全国红白事理事会的兴起，四川省仪陇县的竹棺岩墓的出现为山区土葬改革探索了新的发展思路。

建立农村公益性墓地，是探索与推进土葬改革的有益尝试。它以乡、村为单位，选择荒山瘠地做墓地，集中埋葬本地死亡村民的遗体、骨灰，不对当地村民以外的人员提供服务，不对外经营，不收费。村民在墓地中安葬遗体、骨灰后植树造林以改善环境。20 世纪 80 年代末、90 年代初，江西、四川、山西等省的土葬改革区积极探索，规划建立了适应当地农村实际情况的公益性墓地，满足了群众的丧葬需要和入土为安的心理，推动了土葬改革的深化。到 20 世纪 90 年代末，全国已建成农村集体公益性墓地 10 万多个，四川省有 1 万余个。

10.1.3.4 殡葬管理体系逐步建立和完善

中华人民共和国成立后至"文化大革命"前，中央政府设内务部，下设社会司负责殡葬管理。1969 年，内务部撤销，各级相应机构均被"革委会"取代。1978 年国务院设置民政部，下设民政司管理殡葬事务。1988 年，为进一步加强殡葬管理、推进殡葬改革，民政部在社会事务司内分设殡葬管理处和殡葬事业处，殡葬管理处负责殡葬法规的制定和实施，殡葬事业处负责殡葬事业单位的建设、管理殡葬设备和丧葬用品的科研生产。1989 年，民政部社会福利和社会事务司设社会事务处管理殡葬事务。省、自治区、直辖市的民政厅（局）相应加强了其民政处、社会事务处、社会福利和社会事务处、殡葬管理处的殡葬管理工作力量，市（地、州）和县民政局设立社会事务科、股。有的市、县设立殡葬管理处、所等行政事业单位，依法授权其负责殡葬管理事宜，由此建构了我国各级殡葬管理体系。

1989 年中国殡葬协会的成立，标志着殡葬管理的社会化、行业化迈上了新的台阶。全国各地的殡葬协会纷纷建立，积极发挥其作为群众性、行业性的社会团体在政府部门与殡葬行业之间的桥梁作用，为殡葬事业发展和殡葬行业管理提供咨询、建议、培训和交流等多种服务。

10.1.4 殡葬改革的全面深化（1997 年至今）

10.1.4.1 殡葬改革政策法规体系逐渐形成

1956 年，当时的党和国家领导人签名倡导实行火葬，掀开了殡葬改革的序幕，为以后殡葬改革法规体系的确立奠定了基础。在殡葬改革进程中，比较有影响、有代表性的政策文件主要有：1965 年内务部《关于殡葬改革工作的意见》；1983 年《中共中央办公厅转发民政部党组〈关于共产党员应简办丧事、带头实行火葬的报告〉的通知》；1989 年民政部、公安部、国家工商行政管理局、国务院宗教事务局《关于制止丧葬中封建迷信活动的通知》；1990 年民政部、国家土地管理局《关于制止丧葬滥占土地私建坟墓的通知》；1991 年《中共中央关于党和国家高级干部逝世后丧事改革的通知》；1992 年民政部《关于印发〈全国土葬改革工作"八五"计划和今后十年规划〉的通知》；1996 年中共中央宣传部、民政部、公安部、国家工商行政管理局、国家土地管理局《关于实行移风易俗进一步改革丧葬习俗的意见》等文件。

但最早的殡葬立法源于 1985 年国务院发布的《关于殡葬管理的暂行规定》。《关于殡葬管理的暂行规定》颁行后，各省、自治区、直辖市结合本地实际，相继出台了殡葬管理实施细则、办法、通告等规章或规范性文件。1997年国务院颁布了《殡葬管理条例》。《殡葬管理条例》分为总则、殡葬设施管理、遗体处理和丧事活动管理、殡葬设备和殡葬用品管理、罚则、附则共六章，以行政法规的形式对殡葬改革、丧葬方式、殡葬事务管理等方面作出了规定。《殡葬管理条例》出台后，全国各地加大了殡葬立法工作力度，北京、四川等一些省、自治区、直辖市纷纷制定或修订殡葬管理法规、规章。除行政法规、地方性法规外，部门（政府）规章也是殡葬法规体系的重要组成部分，如1993年民政部、公安部、外交部、铁道部、交通部、卫生部、海关总署、民用航空总局联合下发的《关于尸体运输管理的若干规定》，民政部发布的《殡葬事业单位管理暂行办法》《殡仪馆等级标准（试行）》《殡仪馆等级评比办法》《公墓管理暂行办法》等，以及各地政府出台的具有规章性质的办法、细则。四川、江西等省人民政府还将殡葬法规的规定与全省实际相结合，全面划定、调整、公布了火葬区域，对殡葬管理的具体事宜，特别是在推行火葬、严格执法、依法治葬等方面作出了更具体、更具操作性的规定。随着殡葬法规体系的逐步形成和完善，殡葬改革工作逐步迈入法制化管理的轨道。

10.1.4.2 加强行政执法，推进殡葬改革

随着殡葬法制体系的日益完善，全国各地一方面加大了殡葬法规政策的宣传力度，采取了多种宣传方式，广东、福建、江苏、湖北、江西、河南等省利用清明节开展殡葬改革"宣传月""宣传周"活动，集中宣传殡葬法规政策，把《殡葬管理条例》和各地殡葬管理法规政策列入"三五""四五""五五"普法规划的内容中进行普及教育。另一方面加大了殡葬执法力度，切实加强对殡葬执法工作的领导，规范殡葬行政行为。如很多县（市、区）成立殡葬执法议事协调机构，一般称为"殡葬改革工作领导小组"，协调本级行政执法部门的殡葬执法行动和步调；有的县民政部门经同级人民政府批准，依托殡葬管理处（所）建立了专门的殡葬执法队或充分发挥殡葬管理处（所）的管理职能。江西省鄱阳县政府成立了殡葬督察队。广东省汕头市、广州市经政府批准成立殡葬管理监察大队，在强制推行火葬、查处违法丧葬行为、平坟还耕还林和制止非法开展殡葬经营活动等方面起到了重要作用。

近年来，全国各地民政部门和殡葬执法机构开展了大量的艰苦的殡葬执法行动，对火葬区违法的土葬遗体的行为采取强制起尸火化。北京、山东、江苏、上海、天津等省、市已基本普及火化工作，一些省、市火化率已近100%。河北、

福建、浙江、广东等省近年来以前所未有的工作力度,实现了殡葬改革的跨越式发展。2021年全年火化遗体总数已达596.6万具,火化率58.8%,与1997年火化率36.8%相比,增加了22个百分点。

加强丧葬用品市场和服务市场管理,实行许可证制度,取缔封建迷信活动,查处违规经营,在这些方面也取得了较大的进展,遏制了旧的丧葬习俗的影响。加强殡葬执法监督检查对推进依法行政、确保殡葬法规的贯彻落实起到了重要作用。近年来,全国各地还认真贯彻落实1997年民政部在第三次全国殡葬工作会议上部署的专项整治"三道两区"(国道、省道、铁道、旅游区、城市规划区)乱埋乱葬工作,深入开展了平坟还耕还林工作,破除封建迷信,推进可持续发展。浙江、广东、江西、河北、广西、福建等省、自治区下大力气开展了专项治理。浙江省委、省政府对此十分重视,在1997年开展了轰轰烈烈的平坟还耕还林活动,仅一年时间平除了10万余个大坟、大墓。通过有计划、有组织、有步骤地实施依法执法、规范执法的手段,搬迁平除了数万余个坟头,还林还耕土地数万亩,推动了地方经济的发展和精神文明建设,净化了社会环境和生态环境,提升了各地对外开放的形象。

10.1.4.3 现代殡葬不断创新发展

当前社会,传统殡葬的弊端不断显现出来,殡葬改革要将促进资源节约型、环境友好型社会作为殡葬改革的着力点,不断推进现代殡葬的跨越式发展。相关政策法规的制定为殡葬改革提供方向。2013年,中共中央办公厅、国务院办公厅发布实施了《关于党员干部带头推动殡葬改革的意见》,进一步为深化改革注入了强大的动力。2014年,第四次全国殡葬工作会议在北京召开,提出了深化殡葬改革的整体部署,确定了我国现阶段殡葬工作的总目标和主要任务。2016年,民政部等九部门联合发布了《关于推行节地生态安葬的指导意见》,鼓励人们采用不占或少占土地、少消耗自然资源、少使用不可降解材料的方式来进行骨灰或遗体的安葬。2016年,殡葬"互联网+"论坛在浙江召开,将前沿信息技术与传统殡葬行业融合,为行业提供了一个崭新的视野。为全面深入贯彻党的十九大精神,推动殡葬改革和殡葬事业更好服务于保障和改善民生、促进精神文明和生态文明建设,2018年民政部等十六个部门制定了《关于进一步推动殡葬改革促进殡葬事业发展的指导意见》,提出全面贯彻党的十九大精神,以习近平新时代中国特色社会主义思想为指导,认真贯彻落实党中央、国务院决策部署,坚持以人民为中心的发展思想,践行新发展理念,围绕建设惠民、绿色、文明殡葬,以推动殡葬改革为牵引,以满足人民群众殡葬需求为导向,以提升殡葬服务能力和水平为保障,以创新殡葬管理体制机制为动力,整合资源、规范管理、优化服务、深化改革,推动殡葬改革和殡葬事业更好服务于保障和改善民生、促进精神文明和生态文明建设,为增进人民福祉、全面建成小康社会做出贡献。

10.2 殡葬改革取得的成效

10.2.1 形成殡葬改革的良好氛围

首先,政府高度重视,推动了殡葬改革发展。我国的殡葬改革自1956年开始不断积极推进,取得了一定的成效。自2008年清明节节日化后,"平安清明"的工作机制建立,各级政府对殡葬工作给予了前所未有的关注度。全国各地民政局陆续出台绿色祭扫的相关政策,也是为了呼吁和号召人们能以无污染、无破坏、更安全环保的方式去祭祀。"云祭拜"也成了不可阻挡的趋势。随着人们思想观念和生活方式的变化,网上祭拜也会逐渐成为主流,更完美地融入绿色祭拜的浪潮中。2017年9月,民政部印发《全国殡葬综合改革试点方案》,围绕"健全殡葬工作领导体制和工作机制,强化殡葬公共服务,改革殡葬管理服务方式,加强殡葬监管执法,加快殡葬信息化建设,深化殡葬移风易俗,推进节地生态安葬,治理农村散埋乱葬"等任务有序展开,重在总结殡葬改革的典型经验和先进做法,积极推动创新殡葬改革的方式、方法,全面寻求殡葬改革的创新模式和深化路径。在殡葬综合改革试点工作中,山东省沂水县的"惠民礼葬"脱颖而出,创新实施了以"惠民礼葬"为核心的殡葬改革,在全国率先实现"全民惠葬"政策全覆盖、公益性公墓"免费安葬"全覆盖、"厚养礼葬"服务全覆盖。

其次,党员干部带头推动殡葬改革。2013年12月出台的《关于党员干部带头推动殡葬改革的意见》提出在殡、葬、祭、宣四个方面带头文明办丧。由党员干部带头,不仅是深化改革工作的信号灯,也是全社会的方向指引。党员不仅需要以身作则,也需要带动并影响身边的人从简办丧,带头进行火葬和生态葬式,做到自觉抵制封建迷信的丧葬风俗。全国多个省市制定了干部问责和报告制度。并把党员的治丧情况和工作考核挂钩,对考核不合格的党员同志实行严格处分。

在党员干部的带头工作下，殡葬的铺张浪费有所收敛，起到了很好的带头作用。

最后，社会各界广泛参与，殡葬改革宣传取得良好成效。我国老龄化程度不断加快，老年人的死亡问题值得关注。在我国，2017年至2021年的五年间每年的死亡人口数分别为986万人、993万人、998万人、997.6万人、1014万人，参与丧葬活动的人数逐年上升。各地的殡葬协会和其他殡葬相关组织积极配合殡葬改革的实施，山东、安徽等省策划了殡葬宣传的下基层活动，取得了不错的宣传效果。同时，新闻媒体对殡葬行业也越来越关注，不仅通过报道宣传殡葬改革的成就，也对殡葬服务出现的问题进行曝光，起到行业监督的作用。

10.2.2 殡葬事业综合治理能力不断提高

首先，殡葬改革的实施离不开殡葬政策的指导，各级政府不断加强殡葬政策的制定。一系列的行业标准不仅为污染物排放、殡仪设施建设建立了标准，也为行业的发展做了规范。

其次，殡葬改革更加注重综合治理。殡葬行业不是一个独立的行业，它涉及土地、环境、林业、建筑等各个方面。殡葬治理工作更不是单独一个部门所能完成的，需要各个部门协同合作，在殡葬活动的各个环节展开工作。全国各地开展丧葬陋习专项整治行动，其中江西省从2004年8月起开展专项活动，对办葬期间铺张浪费、封建迷信等现象坚决打击，对"村中坟""田中坟"和在城区或公共场合搭灵棚、吹丧乐、焚烧纸钱等行为进行整治。山东省对殡葬行业服务乱要价进行整治，推行了"两公开一自愿"（公开服务项目、公开收费标准、由当事人自愿选择服务）服务，按照"部署自查，规范公示，巩固提高"三个步骤，全省上下联动解决殡葬服务不规范、收费不透明等问题。天津市对殡仪车辆进行整治，对车辆的颜色、编号、图标进行统一，对车辆的使用作出了严格的规定。

10.2.3 殡葬事业投入力度不断加大

殡葬事业资金的保障对殡葬设施的建设、殡葬服务的提高有着举足轻重的作用。近年来，我国对殡葬事业越来越关注，投入的精力也不断增加。

第一，殡葬设施的投入力度不断加大。近年来我国不断重视殡葬改革，加强殡葬事业的投资力度。很多殡仪馆、火葬场年代较久远，设备陈旧，不得不进行改造。为推进殡葬基本公共服务体系建设，特别是为了弥补殡葬基础设施建设的历史欠账，近年来，中央和各级政府部门在殡葬基础设施建设上的投入力度不断增强。"十三五"期间，在民政部的争取和国家发展和改革委员会等部门的支持下，殡葬基础设施建设被纳入全国"十三五"社会服务兜底工程，在《"十三五"社会服务兜底工程实施方案》中，国家对火葬区尚无设施的县级殡仪馆新建、已达到危房标准的县级殡仪馆改扩建、火葬区尚无县级公益性骨灰安放设施建设、已达到强制报废年限或不符合国家环境保护标准的火化设备更新改造等几类项目进行投资兜底。在中央预算内投资逐年增加的背景下，全国特别是中西部以及边疆民族地区的殡葬服务资源配置得到明显优化。《2021年民政事业发展统计公报》显示，截至2021年底，全国共有殡葬服务机构4373个，其中殡仪馆1774个，殡葬管理机构815个，民政部门管理的公墓1673个。

第二，不断增加惠民殡葬投入。近年来，政府对惠民殡葬的投入越来越大，在服务项目、服务范围、救助标准方面不断完善。惠民殡葬投入加大，对加快殡葬改革和稳定公共事业稳定增长有着巨大的作用。其中北京、浙江等地完善了丧葬补助金的发放制度，北京市对本地符合条件的户籍人员实行5000元的补贴；内蒙古、辽宁、陕西等地安排专项资金，对困难群体减免殡葬费用；北京市、上海市对骨灰撒海的补贴标准提高到4000元。自2015年10月1日起，广东省免费提供7项殡葬基本服务，此项服务保障了殡葬服务的公益性、均等性，使广东省殡葬基本服务保障水平跃居全国前列。由于油价和电价上涨，很多仍然使用政府定价的殡仪馆入不敷出。对于上述情况，政府也会适当地给予补贴，保证殡葬基本服务的提高和基础设施的建设。

10.2.4 殡葬行风建设的新举措

我国殡葬改革已经走过了半个多世纪的历程。但是由于我国传统的文化习俗的影响，殡葬行业存在着一些不良风气。近些年经过多方努力，殡葬行风建设取得了一定成效。《关于2008年纠风工作的实施意见》提出加强规范管理，认真解决公共服务行业、行业协会和市场组织侵害群众和企业利益问题。民政部加强监管和指导，在2009年开展了行风建设治理工作会议，将治理重点放在价格服务和组织监督方面。2015年5月，民政部召开殡葬管理服务专项整治活动部署视频会议，对全国殡葬开展专项整治活动，这对殡葬行业行风建设起到了举足轻重的作用。其他省市也在行风建设的薄弱环节和人民反映的热点问题上积极回应，对收费和工作流程环节进行透明化管理，不断提高行业素质，创新服务方式，在建立问责制度的基础上提升满意度，树立殡葬行业良好形象。

第一，工作流程收费标准透明化。各殡葬单位始终以"尊重故人，慰藉生者"为核心理念，坚持公开"服务项目、收费标准、服务内容、服务程序、服务承诺、服务监督"的"六个公开"制度。对于人们关注较多的殡葬收费方面，很多殡仪馆能够将物价部门规定的收费项目及标准公布给消费者，主动清理不合理的收费项目，自觉接受社会监督。对于工作流程及工作环节则公布在公告栏或是悬挂在业务大厅的醒目位置，增强透明度。加大对殡葬乱收费行为的查处力度，维护人民的切身利益。

第二，提供高效优质的服务。多年来，殡葬服务推出了一系列便民化、人性化的服务形式，缓解生者的痛苦，采取了提供免费的休息场所、午餐、便民伞、小白花等便民措施；实现"心灵慰藉"和"柔性关怀"，加大优惠减免措施；积极对职工进行培训和考核，实现职业化和专业化服务。其中，南京市多年来积极创新服务方式，以"替天下人尽孝也，让两个世界的人都满意"为宗旨开展殡葬服务，得到了全社会的好评，行业形象明显提升。

第三，设立行风建设内外监督。各地民政部门对殡葬行风建设日益重视，很多省份都成立了专门的行风建设督查小组进行专项整治工作。2011年4月，民政部发出通知，要求严肃查处违反殡葬管理法规侵害群众合法权益事件，要求各地对殡葬违规行为进行查处并作出批评。2010年3月开展"殡葬优质服务月"，通过对治丧群众的随机采访来看，群众对殡葬服务行业的满意度有所提高。该活动对于建立行业监督、消除殡葬行业中的不良消费有着积极的作用。山西省通过召开座谈会、暗访的方式对殡葬服务进行监督；上海市开通了殡葬服务热线，制定"治丧满意度测评表"，对客户进行电话回访，开展维护殡葬消费者权益的座谈会。

10.2.5 绿色殡葬取得新进展

第一，公民的绿色殡葬意识有所增强。多年来，人们逐渐认识到传统殡葬带来的种种弊端，浪费土地、污染环境、高价暴利等问题不断暴露。随着人们环保意识的加强，逐渐树立起了"尊重自然、顺应自然、保护自然"的生态理念，出现了"坚持丧事从简,实行文明祭扫""严禁乱葬乱埋,治理青山白化"等宣传标语。在政策的指导和网络媒体的宣传下,很多人选择从简办丧,用低碳环保的方法来悼念故人。同时很多墓园一改以往的阴森压抑之感,把园林艺术运用在墓地设计之中。全国多地把推行节地生态安葬作为深化殡葬改革、减轻群众负担、倡导移风易俗的重要抓手,推行绿色节地生态葬式和葬法,不断培育现代绿色殡葬、人文殡葬的新理念、新风尚。"十三五"以来,广东省新建公益性安葬(放)设施233个,海葬(树葬)纪念设施56个,节地生态安葬率超60%。浙江省温州市持续深化青山白化治理,节地生态安葬率达70%以上。山东省肥城市尊重群众意愿,提炼6种节地生态安葬模式。青海省节地生态安葬民众数量呈倍数增长。

第二,绿色殡葬管理继续加强。我国的殡葬改革紧扣建设资源节约型、环境友好型社会的需求。2016年,民政部等九部门发布《关于推行节地生态安葬的指导意见》,首次提出了生态安葬的具体含义,要求积极推行树葬、海葬、花葬等新型葬式,积极推行绿色殡葬的发展。对于节地环保的绿色生态葬式,很多政府都采取投资、奖励和补贴的方式进行鼓励。大连市为推行绿色殡葬政策落实,2015年出台了《关于实行绿色安葬补助政策的通知》,2017年出台了《关于免除基本殡葬服务费用的通知》,减轻了群众丧葬负担,进一步深化了殡葬改革。

第三,政府对绿色殡葬进行补贴。为了使人民接受绿色殡葬、减轻人民负担,全国多地区对选择骨灰撒海等绿色殡葬方式的市民进行补贴。山东省威海市的补助标准为"不留骨灰的,每例补助1000元;骨灰撒海、树葬、花坛葬、壁葬等节地生态葬的,每例补助800元"。安徽省合肥市对于新安葬逝者选择不保留骨灰葬式,如江葬、森林葬的,每盒骨灰费用减免1000元。各地在持续推行绿色殡葬的同时,也积极开展如"平安清明绿色殡葬主题月"等活动。

第四,绿色殡葬科技有所突破。我国的殡葬科技近些年也有所发展,经过不断的研究发展,逐渐实现了由技术引进到自主创新的阶段,在殡葬自然科学和殡葬政策标准方面的研究成果显著,完成了中国殡葬行业二噁英减排成套技术研究项目。

小 结

中华人民共和国成立以来,我国殡葬改革经历了"1949年至1979年的倡导与实践""1980年至1984年在曲折中发展""1985年至1996年向规范化与法制化方向发展"和"1997年至今的全面深化"四个阶段,取得了良好的成效。具体表现为：一是殡葬改革的良好氛围逐步形成，二是殡葬事业的综合治理能力不断提高，三是对殡葬事业的投入力度不断加大，四是对殡葬行风建设实施新举措，五是绿色殡葬取得新进展。可以看到，我国殡葬改革正在朝着殡葬服务优质化、殡葬管理规范化、殡葬改革有序化、骨灰处理生态化、殡葬习俗文明化、殡葬设施现代化的方向不断前进。

思考与练习

1. 简述社会主义社会殡葬改革的发展历程。
2. 简述社会主义社会殡葬改革取得的成效。

参考文献

[1] 思履. 论语全书图解详析 [M]. 北京：北京联合出版公司，2014.
[2] 桓宽. 盐铁论 [M]. 上海：上海书店，1986.
[3] 司马迁. 史记 [M]. 北京：中华书局，1959.
[4] 李学勤. 十三经注疏 [M]. 北京：北京大学出版社，1999.
[5] 郦道元. 水经注 [M]. 上海：上海古籍出版社，1990.
[6] 房玄龄. 晋书 [M]. 北京：中华书局，1974.
[7] 长孙无忌. 唐律疏议 [M]. 北京：中华书局，1983.
[8] 郑文宝. 南唐近事 [M]. 郑州：大象出版社，2003.
[9] 脱脱. 宋史 [M]. 北京：中华书局，1977.
[10] 李伯森. 中国殡葬史 [M]. 北京：社会科学文献出版社，2017.
[11] 徐吉军. 中国丧葬史 [M]. 南昌：江西高校出版社，1998.
[12] 陈华文. 丧葬史 [M]. 上海：上海文艺出版社，2007.
[13] 王治国. 殡葬文化学：死亡文化的全方位解读 [M]. 北京：中国社会出版社，1998.
[14] 严昌洪. 20世纪中国社会生活变迁史 [M]. 北京：人民出版社，2007.
[15] 丁世良，赵放. 中国地方志民俗资料汇编 [M]. 北京：书目文献出版社，1989.
[16] 杨士贤. 慎终追远：图说台湾丧礼 [M]. 台北：博扬文化事业有限公司，2008.
[17] 严昌洪. 民国时期丧葬礼俗的改革与演变 [J]. 近代史研究，1998（5）：16.
[18] 谢世成，伍野春，华国梁. 民国时期公墓制的创建与演变 [J]. 民国档案，1995（2）：119-125.
[19] 陈明峰. 社会转型视野下民国新式丧葬礼俗的实施 [J]. 贵州文史丛刊，2008（1）：41-44.
[20] 沈宏格. 社会变迁视角下的民国丧葬礼俗变革 [J]. 江西社会科学，2015，35（10）：123-130.
[21] 徐畅. 近代中国农村的丧葬互助组织 [J]. 民俗研究，1999（2）：56-57.
[22] 张学继. 民国时期的国葬制度 [J]. 民国春秋，1998（2）：22-25.
[23] 梁景和. 五四时期丧葬礼俗的变革 [J]. 首都师范大学学报（社会科学版），1997（4）：52-58.
[24] 李春雷. 民国山东丧葬习俗研究（1912—1937）[D]. 济南：山东师范大学，2011.
[25] 龙耀华. 清至民国时期关中丧葬习俗研究 [D]. 西安：陕西师范大学，2007.